中国傲慢？

来自《世界报》前社长的『盛世危言』

L'arrogance chinoise
C'est l'avertissement de
l'ancien directeur du journal Le Monde

〔法〕埃里克·伊兹拉勒维奇（Erik Izraelewicz）著
范吉宏 译

中央编译出版社
CCTP Central Compilation & Translation Press

目 录

导　言 ·· 1
Introduction

第一部分　桀骜不驯的巨龙
Le Dragon a la grosse tête

引　言 ·· 3
1. 不听话的"中国朋友" ······························ 7
2. 小兄弟不再需要大哥哥 ···························· 12
3. 民族主义抬头 ······································ 16
4. 自命不凡，表里不一 ······························ 23
5. 当巨兽挣脱牢笼 ···································· 32
6. 优雅的仲裁者 ······································ 41

 中国傲慢？　L'arrogance chinoise

第二部分　一切皆正确的巨龙
Le Dragon a tout bon

引　言 ·· 51
1. 在喧嚣中航行的艺术 ······················· 52
2. "汉族姐妹"，她不觉得这些爆炸会发生 ········· 61
3. 两次成功收购和一个中断的并购 ············ 73
4. 进军"3A"（亚洲 Asie、非洲 Afrique、拉丁美洲
　　Aérique latine）······························ 82
5. 巨龙逐金 ····································· 89

第三部分　惊恐的巨龙
Le Dragon a trop peur

引　言 ·· 105
1. 日本的梦魇 ··································· 107
2. 当松鼠苏醒时 ································ 112
3. 巨兽筋疲力尽 ································ 116
4. 释放消费者的购买力 ······················· 123
5. 富士康，改革先锋 ························· 127
6. 红色旗帜，绿色发展 ······················· 135
7. 受到质疑的"非自由主义" ················ 144

总结论　与大象共生
Vivre avec l'éléphant

参考文献 ··· 169

译后记 ··· 172

导　言

今年的圣诞树下摆放着一个 iPad——神奇的苹果平板电脑、一辆超轻电动车、一本附有赵无极插图的自传，然后再加上一条开司米披肩、一双耐克鞋和其他一些礼物。过完这煎熬的一年，幸福对于人们来说就是回归家庭。2010年的圣诞节，毫无变化吗？当然，所有的圣诞礼物又一次地打上无法避免的"中国制造"的印记。不再有人对此吹毛求疵了。从今往后，所有的商品都是由距此一万公里之遥的"中华帝国"大批量地生产，甚至还常是独家制造。这种情形如汹涌的波涛已持续多年，并未改变。但是这一次，不仅仅是圣诞礼物、装饰小球、花叶边饰和圣诞树来自中国，就连圣诞老人也来自于中国。

自 2007 年年中以来，经济危机侵袭西方国家，经济危机的受害者们很明白以后致圣诞老人的信要寄往北京了：毫无疑问，21 世纪之初，穿着红色长袍的圣诞老人就住在那里。在比利时安特卫普的美国通用汽车公司的 1300 名员工清楚他们的企业面临倒闭的威胁。他们唯一的希望就是

中国傲慢？　L'arrogance chinoise

被一家集团公司收购……比如中国。瑞典的沃尔沃的企业员工就有幸在岁末如愿以偿。法国博斯地区的粮船装满了小麦，法国人想要把这种谷物变成金子，换成钞票。他们只能屈从于现实：因为最理想的既贪吃又能付得起钱的客户现如今都在中国的新兴城市中，这个国家在2010年已成为世界第二大经济体。愿上帝保佑让中国人买法国人的小麦吧，千万别去美国人那儿买啊。至于爱尔兰人，在希腊人之后，一年的混乱局面使之受到强烈冲击。他们祈求老天爷保佑，让中国来解救他们，让现今世界上最富有的中国央行的行长借钱给他们，好让他们的政府能够给自己的公职人员发工资，清偿欠款。

在北京，人们没有对这些诉求无动于衷。恰恰相反，这些诉求被看做是国力增强的证明。共产党除了其名字以外某种程度上失去了共产主义的色彩，他们自愿地脱掉"红色外衣"，穿上圣诞老人的红袍子。也许他们打算将来穿上鞭子老头①的衣服，但是目前，他们还不急于那样做。时任中国国家主席胡锦涛首次被美国具有影响力的杂志《福布斯》评为世界最权威的人物，排名在美国总统奥巴马之前。对此，中国人不无自豪之感。他们从中看到的是一种认可，即中国期待已久的国家复兴。这个国家在坚守诺言，在2000年之初人们还能明确认同这些许诺。中国在进

---

① "Père Fouettard"：鞭子老头（虚构的人物，拥有抽打孩子的鞭子），这里暗指中国将来可能变得盛气凌人、颐指气使。——译者注

行自身发展，实力增长，现代化建设方面，其步伐有时比人们预计的要快得多。2010年，其国内生产总值是2005年的两倍。世界贸易份额翻了一番，高达10%，令人瞠目结舌。旧世界过去惧怕中国的T恤衫、木质杯具和其他的小电器，现在担心的是中国的高速火车、电动汽车和风力发动机。明天他可能要面对该国的搜索引擎、资本和医药。从前他披露该国的伪劣商品，如今却要去忍受该国的创新。

弱小的中国又变得强大起来。其实曾经在许多个世纪里，中国是全球经济最强的国家。当然她现在还没有占据第一位，在她之前还有个美利坚合众国，而且遥遥领先。然而，她走的发展道路是正确的，对于此她自己更是深信不疑，恰恰是在这一点上，中国发生了改变。30年以来，以及工业改革之初，中国清楚地知道面对拥有13亿人口的困境，在漫漫的征途中，要学会示弱，即使不示弱，也要显得谦虚谨慎，这一点她的导师们，从《孙子兵法》的专家到航船舵手邓小平早就给她上过课了。为了消除世人的疑虑，中国国家领导人在2000年伊始便提出一种说法：中国之和平崛起。换言之，中国的发展对于世界其他国家来说是双赢的。正如在汉语里的解释是一种对双方和全世界都有利的行为。中国拥有五千年的历史与文化，国土广袤，人口众多（其人口占全世界的五分之一），经济飞速增长，30年来以大约每年10%的速度在增长，这是人们见所未见的。难道中国就没有驾驭世界的使命感吗？在21世纪最初几年，在北京这还是个禁忌的话题。统治世界？"中华帝

 中国傲慢? L'arrogance chinoise

国"既没有这个志向也没有这个野心,当时的中国只关心内部经济发展,即使在她最风光的时候,也不曾有这样的雄心,几年前,中国政府还以此为信条。

"如果19世纪对中国来说是屈辱的世纪,20世纪是复兴的世纪,那么,21世纪将是中国占主导地位的世纪。"① 在2005年,这种言论很容易惹恼官方人士,但是今天,同样是这些官员以及他们的媒体,整日喋喋不休地炫耀这个国家在体育、科技或财政等不同领域摘得的金牌,取得的成就。出口世界第一,能源消费第一,外汇储备第一,网民数量第一,船舶制造第一,二氧化碳排放量第一,等等。从此,他们可以公开地参与争论关于新时期的种种问题,他们相信自己将是领导者。中国已开始复仇,她从此自信地表达想法,说话的腔调变了,行为举止也变了,而这对于中国自身的改革和我们的发展都不无危险。

2007年4月,在中国首都举行的传统的"法中之春"经济研讨会的开幕式上,时任法中委员会②的主席瓦莱里·吉斯卡尔·德斯坦用汉语作了发言,在场的观众又惊又喜。这所国际大酒店的大厅里气氛拘谨,与会者是一些法国和中国的企业主、两国的政要以及一些专家。法国人也好,中国人也罢,没人或几乎没有一个人能听懂他的讲话。法兰西共和国前任总统的错误发音显得与当地人标准的语调

---

① 引自于本书作者的另外一本专著:《当中国改变世界》。
② 这个委员会是个企业俱乐部,近似于法国企业协会,负责促进两国贸易。——译者注

格格不入，即使这样，还是赢来了一片雷鸣般的掌声。如此重量级的名人能作出这般努力，中国人对此很是赞赏。研讨会结束后，他受邀用法语评论与中国共产党最高层领导会晤的情况。德斯坦是北京的常客，他承认中国的这种自信使他受到触动，在他看来，这种自信还是刚刚建立起来的，他当时说道："因为拥有巨大的经济成就，中国人对自己越来越有信心。"他的话证明了中国的自信。而后，中国的变化得到广泛认同，且这种变化愈演愈烈。近些年来，这种自信更是有演变成狂傲自大的趋势。

奥运会、世博会和雷曼兄弟投资银行也助长了这种自信。当人们在北京、上海恣意地放着焰火时，在纽约、雅典和世界其他地方，他们的内院却起火了。凭借在组织完美的2008年奥运会中取得的举世瞩目的体育成就和成功举办2010年上海世博会，中国在国际舞台上已成为完美的化身。尤其是在此期间中国国力持续增强，不断地美化自己的形象，向全世界展示她的实力、现代化和她的雄心壮志。从前她从未把这些放在头等位置，直到那时，中国还没打算吓唬其他国家。与此同时，其他国家却自身难保，卷入一场前所未有的火灾中，美国雷曼兄弟投资银行的破产引发了这场火灾，而这次破产只是星星之火，这股火势蔓延到许多建立在失衡基础上的长期难以为继的组织机构内部。由此产生了一种尽人皆知的说法，即世界从此陷入"自1929年金融危机以来全球所遭受的最严重的一次危机"之中。

 中国傲慢？ L'arrogance chinoise

"我们的老师（西方人），让我们大失所望。他们失败了，他们的体制行不通了……"这是中国一位领导在华盛顿雷曼兄弟投资银行倒闭几天之后发表的言论。当时天津正在召开2008年秋季达沃斯论坛。这位领导的话被转述在《中国共产党》①一书中，该书作者理查德·马利德是《金融时报》驻北京的记者。该高官的言辞是时代变迁的征兆。他接下来说的话有些隐晦："您瞧，我们的制度在运行。"事实上，此次中国达沃斯论坛是一次真正转折的标志。在30年间，中国地方官员表面上毕恭毕敬，听从他们老师（即西方世界的政治家、工业家、专家学者等）的教诲，他们听取适合他们的建议，他们沉默不语、学习认真、态度谦逊、行为谨慎，以免让邻国和合作伙伴有恐惧感。这是当时邓小平制定的路线图。他是1978年工业改革的发起者，在他的号召下，中国开始实施经济自由化和对世界开放政策。现在，中国人飘飘然于他们所取得的不容置疑的甚至令世人震惊的成就，他们开始炫耀自己。扬·卢梭，《回声报》驻北京记者，出席了本次论坛，据他讲述，人们应该看到中国宏观经济政策的审批者们，特别是像时任中国银监会主席刘明康这样有权力的领导，在嘲笑他们的老师，让他们的师傅收回建议。古老的丝绸之路已成为单行路，实际上它已代替过去的沙漠商队，成为一个飞满大型喷气

---

① McGregor, Richard, *The Party: The Secret World of the China's Communist Rulers*, HarperCollins Publisher, 2010.

导 言
Introduction

式客机的空中走廊，空中客机搭载着世界各国的首脑，他们来到北京希冀签定合同，寻求财政支持和技术信息帮助，甚至是来讨教。企业化的经营管理，统一的领导，既有能力又充满活力，中国得到全世界领导人的青睐和赞赏，然而，这种赞赏中还是夹杂着焦虑和不安。中国的经济模式吸引了许多人，有人就此提出"北京共识"，以此与主导世界50多年的主张自由的"华盛顿共识"分庭抗礼。"非自由主义"是把市场这只看不见的手和国家这只虽沉重但是看得见的手奇妙地结合起来的产物。非自由主义本应该反击，尤其在它的对立面，在人们只盲目迷信"市场与民主"的世界里，在他们那里出现了溃败的局面。危机使市场暴露出它的缺陷，民主也受到损害。"现在放任自流、听之任之的政策已经失败了，你们怎么没看到政府在经济中扮演的角色呢？"几个月后，在纽约举行的伊恩·布莱默①报告会上，一位中国部长半讥讽地如是问道。

中国人从此再也不想听别人的教训。他们很快就要准备给别人上课了。他们取得的成绩在民众之中，尤其是在商界，释放了他们至上的情感，总之，是一种毫无羞怯感的民族主义情绪。只要某位法国实业家（达能、施耐德、阿尔斯通或其他的企业）努力维护自身的利益（遵守合同、保护专利，总之，是一些普通小事），马上就会被拥有7000

---

① 伊恩·布莱默：美国政治学家，国家资本主义专家，是《自由市场的终结》(*The End of the Free Market*) 一书的作者。

中国傲慢？　L'arrogance chinoise

万人的博客区看做是一个危险的殖民主义者，受到"被操纵的正义"的惩罚。美国的贝恩资本投资基金拥有中国上市公司国美10%的股份，竟敢在国美（中国的"Darty"①）里表达他们的见解，虽然没有强制让人接受其观点，还是招来对华尔街帝国主义的不满和责骂。日本人企图保护他们的海岸线，仅仅因为这一冲动，中国几十家稀有金属生产商在没有共同商议，完全自觉自愿地（这是北京官方制造的版本之一），事先没有任何警告的情形下，强行对日本丰田、索尼和其他日本企业集团的商品实行封锁禁运。经济民族主义情绪回归甚至抬头肯定不是也远远不是中国的例外。随着危机的到来，就这一点各国甚至达成了共识。为了发展经济，中国断言优先保证搞活开放，而在这样的国家，民族主义却发展到了相当的规模。五年前，中国工业巨头们（石油巨头、汽车制造商和其他的银行家）还阿谀讨好他们的西方同行，寻求联姻，而这种联姻是靠不住的。今天，依然是这群人，他们拒绝了他们的西方同业者，因为中国人不想合作了。

　　基层的傲慢——在中国各个省的国企或私企、法院和其他地方表现出的傲慢更文明些，它也无意成为举世闻名的法兰西傲慢，然而还是显露出极端的自大。世界贸易的游戏规则要由世界贸易组织来界定、国际货币体系的游戏规则由国际货币基金组织来规定、全球金融集团的游戏规

---

① "Darty"：法国著名的家电超市达尔蒂集团。——译者注

则由二十国集团或者世界清算银行（瑞士巴塞尔）制定，或者气候问题在哥本哈根或坎昆会议上解决。所有这些游戏规则都要在国际社会内部共同制定。如今，中国的领导人出现在这些场合，而且是在级别最高的会议上。这是新鲜事，也是危机效应之一。但是他们通常对这些国际机构持不太信任的态度，他们在讲话时，还时常把这些组织等同于平庸的非政府组织。他们若即若离，更多时候是保持沉默，而不是提出建议，表达自己的声音。他们在其中捍卫自己的利益，并不寻求参加世界组织新的建构。他们感觉事不关己，尽管在世界经济中占据应有的分量，但是他们却经常拒绝遵守规矩。因为他们知道在经济领域有一条金科玉律，那便是谁有了金子，就由谁来制定法则。今天，他们越发觉得是他们的国家拥有了金子，因此，这规矩就该由他们来制定了。

的确，即使不是傲慢，中国也有理由觉得自豪。在经济发展的道路上，她走过的历程是与众不同的。其中不乏暴风骤雨，在最近的十年中，大海异常汹涌波动。1997—1998年爆发了亚洲货币危机、2000—2001年有互联网股票泡沫破灭，最后还有2007年开始出现的大萧条，同时伴随着美国次贷危机的爆发，这些风暴中没有一个能彻底阻挠巨轮的前行，中国用30年时间使其生产总量增长了十五倍，出口贸易额增长四十五倍，她已成为世界第二大经济强国，世界第一大出口国，每个中国人的平均收入增长了十倍。西方的预言家们喜欢定期预言中国即将面临各种爆炸，如

 中国傲慢？ L'arrogance chinoise

社会爆炸、环境爆炸、金融爆炸或地缘政治爆炸。然而，近30年来，中国却总是出人意料之外。

中国自信，特别是在当下，也是集体不安和恐惧的一种信号。30年的经济增长，其发动机已动力不足，气喘吁吁。人口老龄化，处在劳动年龄的人口数量开始下降，国家面临劳动力不足的威胁。出口物资耗竭，尤其是自然资源、能源、可耕种土地、空气和水。外国市场虽未关闭，但已饱和。照搬照抄已行不通，中国应该改变发展模式，中国领导人对此意见相同。这甚至成为他们的主要议题，这个课题有节奏地主导了"十一五"计划，它也将主导整个"十二五"计划。中国领导人想要实现"包容性增长"，这种说法是由亚洲发展银行一位经济学家在2007年提出来的，此后该说法得到时任中国国家主席胡锦涛的重视，"包容性增长"更多注重国内消费、创新和服务。他们致力于更加平衡地发展，减少不公，更加绿色环保。"非自由主义"作为一种运行模式更能有效地促成经济腾飞。在一个人口众多的发展中国家，这种模式受到极大的关注。然而，现在一个重要的问题是要知道这种"非自由主义"发展模式是否能够保证在新时期取得同样的成功。这还不确定。普鲁斯特的小说《追忆似水年华》中盖尔芒特公爵夫人说过这样一句话"中国令我担忧……"。今日之中国焦虑不安，因不安而变得傲慢。就此意义上，公爵夫人的话应验了。

第一部分

桀骜不驯的巨龙

Le Dragon a grosse tête

引　言　//　3
不听话的"中国朋友"　//　7
小兄弟不再需要大哥哥　//　12
民族主义抬头　//　16
自命不凡，表里不一　//　23
当巨兽挣脱牢笼　//　32
优雅的仲裁者　//　41

第一部分　桀骜不驯的巨龙
Le Dragon a grosse tête

C'est 《l'avertissement》 de l'ancien directeur du journal Le Monde

引　言

有四个小男孩站在起跑线上。他们的运动衫上印有各自国家的旗帜。在这场赛跑中，有一个美国人、一个中国人、一个印度人和一个巴西人，已经没有欧洲人了。在起跑前，小美国佬不无自豪地对他的伙伴们说他会赢，"因为我总是赢"，他解释说。比赛开始了。身上印着美国旗的孩子一路领先，随后突然跌倒在地。"我的机会来了，这还是第一次，我要赢了"，中国小男孩气喘吁吁地说。"怎么了，安东尼？"印度小男孩又吃惊又担心地问道。巴西小男孩的回答是："他长得太胖，没力气了。他吃了太多的汉堡包。"就这样，中国小孩第一个穿越了终点线。

2010年9月，在位于北京南边的港口城市天津举办了第四届中国达沃斯论坛，中国中央电视台为论坛开幕式准备了上面这个滚动播出的小短片。《纽约时报》的著名评论员，周游世界的畅销书作者托马斯·弗里德曼报道了这则轶事。[①] 此次论坛的超高效率的接待，崭新而奢华的会场以及具体的细节给他留下深刻的印象。正如所有参与本次论

---

① *The World is Flat*, Farrar, Straus and Giroux, 2005. Trad. fr. : *La Terre est plate*, Perrin, 2010.

 中国傲慢？　L'arrogance chinoise

坛的人一样，尤其是众多跨国公司的总经理看出这则短片寓意着当今世界经济的发展变化。寓意简单明了，直言不讳。这显然说明面对世界其他国家，中国人表现得很有自信心。而在四五年前，那时的中国人从来不敢以如此的方式来迎接他的客人。时过境迁。这个小独幕剧只是一个小小的示范表演。中国对自己越来越有信心。她太自信了，以至于惹恼了自己的朋友。

杰夫里·伊梅尔特，通用电气的董事长兼首席执行官，他当时不在天津。这个美国人虽然没有看到那个小短片，但是近些年却时常能体会到其中的滋味，而且到最后他还是崩溃了。伊梅尔特作为世界最大企业集团——通用电气①的当家人早已谙熟中国现行法律。他的集团在中国落户长达一个多世纪。中国是他的世界第五大市场。在这里他卖掉了成百上千的烯气轮机、蒸汽轮机或是水电轮机。他知道在紫禁城的保护下，正如其名，有一些禁忌之事。倘若您想要利用中国低廉的工资、巨大的市场或者现在是她的资金，您便得三缄其口。从来都没有人在公共场合抱怨。不管忍受怎样的痛苦折磨，大家都必须遵守沉默的法则。触犯这条法则，就意味着要冒被巨龙（中国）击垮的危险，并且会失去在此太太平平地做生意的一切机会。

然而，在 2010 年的夏天，在罗马，伊梅尔特到底还是

---

① GE（General Electric）：通用电气是美国的一家企业集团，全球有超过 30 万员工为其生产机车，创建发电厂，制造涡轮机、医疗器材、风力发动机和金融产品。——译者注

第一部分　桀骜不驯的巨龙
Le Dragon a grosse tête

打破了沉默。全世界人都听到了他的心声。当时他与几个意大利的巨头（一些饶舌之人，要知道最好不要跟这些人倾诉秘密，推心置腹）共进晚餐，谈话自然而然地转到了中国身上，无论这些巨头在哪里，都无法避开中国这个话题。在那里，他说了几句肺腑之言。在中国做生意的确不容易。30年来，许多人在那里遭遇过挫折，要么逆来顺受，要么钱财受损或者二者兼而有之。长久以来，在"中华帝国"里，西方企业家的不幸为文学提供了丰富的素材，在中国和中国人看来这或多或少是受欢迎的。但是，最近几年来，形势每况愈下。这正是伊梅尔特冷不防道出的事实。他原打算在2010年实现100个亿的营业额，而实际上只实现了60个亿的收入。他责怨中国人对像他这样的跨国公司持有的敌意态度越来越强烈（至少有25年没有经受这种敌意了）。在世界上还有其他地方，其他企业不希望被中国人"殖民化"，他补充到，有可能更乐意和其他的合作伙伴共事。

为了保护在华经营业务，通用在40多家与当地企业集团合资的公司中雇佣了超过13000人，并且还拿下几个大的合同，它以同样的步调与对手竞赛的同时，进行大范围地紧锣密鼓的给力活动，与此同时，为其总裁说的话解释开脱。声称老板的这番话被人误解了，他是在私人圈子里说的而且言不由衷。几天前，在上海的一个商业赞助活动中，他在公共场合也表达了同样的想法，通用在世博会上也作了如此的表态。他用的言辞缓和得多也没有那么直白，这

C'est 《l'avertissement》 de l'ancien directeur du journal Le Monde

 中国傲慢？ L'arrogance chinoise

是千真万确的。他向别人表露中国人的敌意，对中国的"殖民主义"企图感到愤慨，以放弃合作寻求其他新兴国家作为更安全的合作伙伴为要挟。这些话的确很刺激人。如果说西方世界最有用代表性的企业集团的老板，一个在与中国做生意中自然备受关注的人物这样打破沉默，就像现实中许多其他的西方工业家一样，实在是因为已经到了忍无可忍的地步了。

30年来，中国铺上红地毯吸引像通用这样的企业来华，中国改革开放之父邓小平早已号召国人放弃"自力更生"，这是毛泽东时代的教条之一，它一度使中国陷入完全的孤立与贫困的境地。与之相反，邓小平的整体经济战略是依靠他人之力量（尤其是外国的跨国公司）来发展自己。除了铺设红地毯，他们还给予来华的企业诸多的优惠好处。在进驻中国的同时，他们要带来资金、科学技术、技能和网络渠道，以便促使这个国家经济腾飞。在许多产业部门都开始实施这一战略，其效率令人望而生畏。如今，红地毯悄悄撤掉了，资本主义世界的巨头们感到不再受欢迎了，中国又回到了自力更生的时代。据一个呆在北京多年的观察家的总结，早在五年或十年前，那时在北京人们还说"告诉我们该怎么做"，今天却变成了"我们将会告诉你们该怎么做"。五年或十年前，外国公司享受一些特权，比如优惠的税收政策，但是眼见这些特权在逐渐地消失，在经济发展中看似消失的行为觉醒借助世界经济危机又回来了。中国人民族主义情绪上扬，他们无视普世认同的游戏规则，

第一部分　桀骜不驯的巨龙
Le Dragon a grosse tête

不再掩饰国家的优越感，采取单边行动，中国自信在商业和许多国际政治论坛中有所体现，其表现形式多种多样。于是，我们看到了通用公司的伊梅尔特终于忍无可忍了。西方商业的傲慢者在与中国打交道的时候发现原来中国人比他们更狂傲。中国巨龙已变得狂妄自大，自命不凡。

1. 不听话的"中国朋友"

伊梅尔特崩溃了。而默多克，则扔掉了手中的海绵，放弃了他在中国电视产业的宏伟计划。鲁伯特·默多克是21世纪的"公民凯恩"（Citizen Kane）①，世界传媒巨人。默多克出生于澳大利亚，现年76岁，投入毕生精力建立了一个世界最大之一的全球性的报业帝国。他的新闻集团拥有多家报纸、杂志和遍布全世界的电视业务。他的法宝有著名的伦敦《泰晤士报》、纽约《华尔街日报》、金融信息道琼斯公司、美国反奥巴马的电视频道"福克斯新闻频道"，等等。15年以来，他的野心抱负就是梦想着要在中国建立一个可供13亿人收看的国家电视频道。他也是个性情

---

① "Citizen Kane"：《公民凯恩》又名《大国民》，是一部内涵丰富、富于哲理的传记体影片，也是当时年仅25岁的电影大师奥逊·威尔斯自编、自导、自演的成名代表作，用新颖的艺术手法表现了一位报业大王凯恩的一生。——译者注

 中国傲慢？　L'arrogance chinoise

骄傲的人，"狐狸先生"（中国媒体给他起的绰号，与他的福克斯新闻频道"Fox News"的名称相呼应）在过去打赢了许多场战役。但他发觉相比之下，中国更狂妄，更难对付。

然而，在默多克与中国之间，起初还有一段美丽的恋情。在20世纪30年代，鲁伯特的父亲即是一位被派驻中国的战地记者。在澳大利亚，鲁伯特还是年轻的报业主时就开始收集明朝的瓷器。他迫切需要把中国纳入到全球卫星电视网的计划中。正如他过去的一位合作伙伴之一，布鲁斯·多佛在2008年伊始出版的一部书中饶有兴致地讲到①，默多克将把全部精力投入到这个计划之中。然而，在起步阶段，一个小小的错误险些让他付出非常高昂的代价。在1993年，当他开始着手这项任务时，他曾对国际媒体解释说新的电信手段（卫星、因特网等）将成为世界极权政治体制的一个巨大威胁。北京当时很不赞赏。默多克不得不出来道歉，结果在15年间，他付出了巨大代价。这位澳美媒体人于是迅速展开与中国共产党领导人的紧密的私人交往，建立几近友好的联系。他加大力度与中国共产党领导人的某些子女打交道。他帮助中国建立第一个连续信息网。最后一点，也是非常重要的一点，他同意与中国监审官员合作，比如对中国的媒体和治理西方在中国的媒体时施加

---

① *Rupert Murdoch's Adrentures in China*: *How Murdoch Lost a Fortune and found a Wife* (*Les Aventures de Rupert en Chine*, *ou comment Murdoch y a perdu sa fortune et trouvé sa femme*), Penguin Books, 2008.

第一部分　桀骜不驯的巨龙
Le Dragon a grosse tête

监控。《华尔街日报》被看做是金融市场的圣经，该报的一些记者对这样的做法公开表示不满。然而，默多克本人却成了受中国领导层青睐的媒体大亨，并得到该国最高领导人的接待。一般情况下，中国领导人可不会这样对待西方的生意人。

无所畏惧，一心要达成目的，鲁伯特·默多克做的事远不止这些。他竟然爱上了一个……年轻的中国女孩。她的名字叫文迪，是他下属的香港明星电视频道的一颗星秀，她成为默多克的第三任妻子。此外，他准备好与他年轻的爱妻安居在靠近紫禁城的带方庭的中式传统建筑的房子里。为了成为中国人，为了让中国人接受他，也为了拿到中国电视业这把钥匙，他做了一切他所能做的事。默多克前任的合作者布鲁斯·多佛这样写道："许多西方的领导者千方百计地想进入中国市场，但是像默多克那么有热情和决心的人却寥寥无几。"即使是这样也还是不够。2010年7月，突然间默多克决定出售构建国家网初期的三个电视频道的股份。这是个亏本的买卖。除此之外，他在这场冒险中还投入了许多钱，至少有20亿美元。默多克就像许多的西方企业家一样，最终还是受到了许多规章制度的阻碍和重重藩篱的限制，用他退出时的话说是碰到了"一堵砖墙"。他借机表明其新闻集团在撤出中国的同时，已在印度获得了超过在中国十倍的营业额。他想以此方式聊以自慰，证明世界上还有其他的黄金国。

在这些对中国感到失望的人中，还有另外一个新传媒

 中国傲慢？ L'arrogance chinoise

的巨头，他就是埃里克·施密特，是居于世界第一的网络搜索引擎谷歌的老板。他亦把视野投放到世界，中国自然是其中的一部分。他非要使搜索引擎进入中国不可，就像在全球其他地方一样。尤其是这个国家今后拥有的网民数量最多——2010年末达到4.5亿人，预计2011年增加6000万人。巨大的市场啊！为了进入中国市场并占有份额，埃里克·施密特做好一切准备，甚至放弃他公司的自由准则。不作恶①，不要装扮成魔鬼，也不要和它串通勾结，这是20世纪90年代年轻的企业家在谷歌创建时发出的口号。应该看看埃里克·施密特在2008年1月瑞士达沃斯论坛上的可怜相，他当时不得不面对聚集的同僚和媒体为其作出的决定做辩护，这个决定是中国在与民族分裂分子的斗争中，谷歌同意充当中国警察的眼线。年轻的加利福尼亚企业主通常会更好地找到灵感，他试图辩解道："不让中国网民用我们的搜索引擎，世界就会把中国人看做二等网民，这样就有可能发生畸变和失衡，使中国人在国际竞争中处于不利地位。"他补充道："无论在哪儿，谷歌和其他的企业都应该遵守我们业务经营所在国的国家法律，不管那是什么样的法律，也不管我们对这些法律持有怎样的看法。"商务世界奉行的是现实政治。借助在公开场合，面对全世界足足一千多记者所做的辩护，埃里克·施密特原以为肯定可

———————

① "Don't be evil"：不作恶，谷歌的价值观。法语说法是"ne pas faire de mal"。——译者注

第一部分 桀骜不驯的巨龙
Le Dragon a grosse tête

以拿到"中国朋友"俱乐部的门票。他当时希望作为回报，谷歌可以在这个充满巨大潜力的新兴市场发展业务。谷歌的律师们在与对方交锋时还在辩护说："国家阻碍网络信息的自由流通，这有悖于已加入的自由贸易协定，就此也抑制他们自身的增长。"这些都无济于事，毫不奏效。北京不停地给这个美国网络巨头强加新的限制，而且是越来越多。经过两年的连续的游击战争，后来我们才知道，在中国共产党高层，有人力图要窥伺美国集团的网络，埃里克·施密特本人最终决定在 2010 年春抬脚走人，去别处看看。这让他的竞争对手，本土的百度乐不可支。百度是在 2000 年成立的中国搜索引擎公司，从此以后有超过 70% 的本土网民使用百度。同样的征兆。此外，西方网络运营商没有一家真正打入中国市场——世界最大的市场。eBay、Yahoo、Amazon 和其他的 Facebook 遍布全球，他们通常能很好地掌控当地市场。但不是在中国。

媒体和国际互联网的确随处都有政治敏感的经营活动。中国不是唯一一个对外国运营商进行调节监管的国家。这可以说是各国的普遍情况。即使在自由度很高的英国和美国，这些行业都受到国家的特殊监控。由于当时新闻集团和谷歌还有其他的企业被中国市场的规模所吸引，因而做好了让步的准备。让北京让步绝对没门儿。中国现在有把握能够甩掉这些西方大公司，还有一些在西方企业中比较传统的不太敏感的产业部门，中国也准备对他们下手了。

 中国傲慢？ L'arrogance chinoise

2. 小兄弟不再需要大哥哥

"小弟弟"寻找"大哥哥"。这是20世纪80到90年代中国国家大型企业和新建的私人企业对他们的西方同行业发出的启事。中国共产党号召中国企业与西方公司建立联盟。这是铺设红地毯的时代。当然，合作经营是双赢的，签订的协议是对双方都有利的。对于西方合伙人，无论是美国的跨国公司还是法国康塔勒省的中小企业，这是进入具有巨大潜力的中国市场的一种途径。对于中方合作者来说，这是他们快速得到技术、资本或者技能的机会。启事得到很多回应。合资企业如春天里阳光下的藏红花一样遍地开花。许多产业部门，从电信到航空、酸奶到红酒、汽车到银行，双方敲定了许多项目，就此建立了合作关系。西方老大哥来到中国帮助小老弟。如今，弟弟长大了，比哥哥还高大。他的确也不再需要老大哥了，至少他自己越发觉得是这样。如果有必要，他会毫不犹豫地甚至有些粗鲁地让对方知道他的想法。

香槟与烤鸭。沃达丰，英国移动电话巨头，在2010年9月的那一天，还是邀请了他的合作者中国移动参加他的宴会，然而，却是两家的散伙会。两个集团以协议形式分道扬镳。在当时，沃达丰（法国电信运营商"SFR"的合作

第一部分　桀骜不驯的巨龙
Le Dragon a grosse tête

者）的确做了一单体面的买卖。他完成出售最初以33亿美元购入的中国移动3.25%的股权，折现66亿美元，股金是原来的两倍，的确是桩漂亮的买卖。特别是在金融危机肆虐的时候就更值得称道了。其实不然，表面看是用双倍的价格出售，在其背后，分明是一次惨败。沃达丰之所以决定中断与中国合作，是因为他明白双方的交往并不顺利，也无法真正地在此站稳脚跟。

2000年之初，沃达丰和其他企业一样，对中国移动的启事作出了回应。老大哥雄心壮志，对这个举步维艰的中国国家公司满怀信心。中国进入到手机使用的爆炸时代，英国巨人盘算着与中国伙伴联手开发这块几乎一片空白的巨大市场。他希望在中国移动战略方针和技术选择上拥有话语权，并参与其中。沃达丰持3.2%的股份，在董事会上得到一个席位。这只是个开始。他制定的目标是达到20%的股份，成为企业的优先股东和运营商。当时仅仅是战略合作，换句话说是沃达丰的起步阶段。然而八年过去了，沃达丰新任领导们只能承认事实。他在董事会只占有次要位置，投资商想要影响运营商真是无稽之谈，更别谈介入地方市场的开发。他曾许下诺言开放电话业务参与对外竞争。现在来看，所有的电话业务都是100%地由中国运营商把持着。特别是在沃达丰和中国移动之间，双方力量对比发生了变化。股市上，中国移动比沃达丰市值更高。在世界手机市场，中国移动用户现在达到5.6亿，而沃达丰在20多个国家里只有3.4亿用户。小弟弟长大了，自信了。

 中国傲慢？ L'arrogance chinoise

老大哥在他身边相形见绌了。大哥宁愿一走了之。

就这样，许多大哥哥近些时日都选择悄悄走掉，弟弟长大这一事实让他们明白家里真的已经没有他们的位置了。像 BP、埃克森和壳牌受中国政府的劝告，自 2005 年已出售他们于 2000 年买进的中石油和中石化两大国企的股份。力量对比也就此发生了改变。难道我们不记得 2010 年春 BP 遭受墨西哥湾漏油灾难的同时，有传闻说中石油要收购英国 BP 吗？谣言被揭穿，但是它反映出双方力量对比发生了颠覆性的变化。

瑞典的工业企业集团 ABB 或者居于世界第一的美国铝业"Alcoa"，它们也放弃了当哥哥的任务。美国高盛投资银行一时间曾与中国工商银行（ICBC，世界最大的银行）建立业务关系，并且在 2006 年买入其 4.6% 的股份。然而，现在也轮到高盛决定着手向市场抛售他的股票。因为他也被北京视为"恶魔"。

有一本书在中国获得巨大成功，而大获成功就意味着卖出几百万本书。这本书把"高盛"说成是引发次贷危机的根源，然而也是从中获利最多的银行。西方也有这种说法。更新鲜的是，中国财经记者兼作家李德林在其《高盛阴谋》一书中，扬言这个美国投资银行下一个目标就是……中国！此外，西方银行的衰落使中国领导人有必要相信自己不再需要他们了，当他们在 2010 年年中要把仍然全部归属国有的中国农业银行这头大象引入股市时，他们没去寻找西方小弟弟。特别像法国农业信贷银行这样的许

第一部分　桀骜不驯的巨龙
Le Dragon a grosse tête

多外商，之前一直在巴结讨好中国巨人，可是中国用不着它们，也没有内疚之心。

为了进入中国，"中国的朋友"做好了忍气吞声的准备，即使这样，他们中的有些人最终还是受挫，失掉勇气。这跟企业的规模毫无关系。在合资企业内部，这些知名的中外合作企业，历经30年，这是不得不经历的一个阶段，他们希望能够进入拥有13亿消费者的市场。对于西方合作者，无论是商业巨头还是我们的各个省的中小企业，不管是傲慢的还是谦虚的，他们和中方的关系越来越紧张，分手的现象越来越频繁。

中国人对香槟酒和肥鹅肝也有兴趣。但是这对于法国小企业却很艰难。反常的是，2006年，禽流感招致法国两家公司来到中国，一个是法国北部的"Val de Luce"，另一个是法国西南部的"Delpeyrat"。当时中国政府禁止从国外进口肥鹅肝，以防疾病传染的风险。面对这样一个爆炸性的市场，两家公司痛快地与当地企业建立合作关系，在这两家公司看来前景喜人。中国人喜欢肥鹅肝的味道——即使要建议他们，比法国人吃的要更熟一点，常常与肉搭配。这两家法国企业很快就结束了在中国的历险。"Val de Luce"和当地一家大型养鸡场合作建立了一个前途似锦的公司（Délices du Périgord）。这个庇卡底的小公司每月一次派人给中国人培训。结果可倒好，人家一学会这项技能，法国公司就迅速被他的中国合伙人乖乖地请出去。至于"Delpeyrat"，他不得不把鹅肝生产授权给中国合作者，同时负责企

 中国傲慢？ L'arrogance chinoise

业的经营管理。该家公司宁愿在被踢出局之前先抬腿走人。长时间呆在北京、上海或其他地方，得到的只是这样的失望结果，毫无用处。那些最后同意充当大哥哥的人如今都受到排挤，甚至被他们长大的小弟弟压垮。他们一个接一个地离开"帝国"。尤其是中国各个阶层越来越公开表露出一种日益强烈的民族主义情感，这更促使他们离开中国。

3. 民族主义抬头

把"本土化创新"放在首要位置。这种说法几年前就已经在流传并在官方讲话中有所体现。2008年9月，首次开始实施的宏伟的复兴计划（一些巨大的工程，为期两年，耗资近6000亿美元，相当于国内生产总值的7%），因为面对世界需求骤降的局面而被叫停。党的指令是明确的：把优先权给予那些借助于本土化创新的项目、开发和投资。所谓的本土化创新，其定义是什么？不可能找到答案。然而，在北京、重庆、天津、广东或成都，这个国家的各个地方，大家都明白"本土的"就是意味着"民族的"。但是为了顾及到已经取得的要么照搬照抄的、要么偷取来的，之后进行消化吸收和改造的外国技术，中国人不会先说"民族的"。经过30年与西方公司的合作，尽管取得长足的进步，但是国家还没有成为创新技术的生产者，中国已发展的创新主体目前属于这个范畴。不使用"民族的"这种字眼是为了避免人家指控中国掩饰下的保护主义政策。"本土化创新",用中文的说法就是"购买中国货",这等同于美国国会同时期颁布的经济复兴计划里"购买美国货"这条立律。巴拉克·奥巴马将不得不俯首重新看待这条备受质疑的条款。这些中国人会坚定不移地推广这项方针政策。为了攫取公共市场,也为了得到许可或者在中国发展,开始建立合作伙伴关系,参与到风力发动机、太阳能或者清洁环保汽车这些部门产业政策的制定,他们以后必须把"本土化创新"放到首位。外国公司既没有被排斥在公共市场之外,也没有禁止他们在中国做生意。他们依然是受欢迎的人,但条件是要同意把他们的技术本土化。明摆着是要他们冒着失去技术优势的危险,转让技能,他们全部的技能,甚至是最先进的技能。丰田和它的混合动力车喜出望外,阿尔斯通和它的新一代的高速火车(TGV)抓狂难耐,维斯塔斯和它的风机脱颖而出。

西方企业很快一致地发现,把优先权给予"本土化创新"就像一把真正的战斧。中国从防御的姿态过渡到咄咄逼人的态度。这立即引起了驻中国的美国商会前任主席吉姆·麦克格雷格的担忧。提到的这个商会,大受欧洲和日本同行的赞许,该商会看出了"本土化创新是一把武器,它促成组织一场史上规模空前的技术掠夺"。近来"TGV"的故事几乎梦一样的成为所有谈话的对象。猜个小谜语:是谁发明了高速火车?是法国人吗(阿尔斯通)?是德国人

 中国傲慢？ L'arrogance chinoise

吗（西门子）？也许是日本人吧（川崎）？都不是。是……中国人。如今，作为证明，南非、沙特阿拉伯或者加利福尼亚各自都在想装备高速火车。他们得找谁呢？他们要到谁那儿去买呢？当然要找中国制造商。故事不足为奇。这样的故事正在核能、航空和混合动力车等许多产业部门重新上演。本土化创新对于"帝国"来说是一次机遇，它就像一台加速助推器促成各个行业的快速发展。

2000年之初，时间并不久远。路过中国首都的人们不可能听不到关于京沪高铁项目在西门子与阿尔斯通之间展开角逐的消息。谁拿下了这个"世纪合同"？是拥有"ICE"的德国人吗？或是拥有"TGV"的法国人？合同本身并不大，问题是大家把这份合同看做是后续一长串合同的开始，显然人们看中的是这个面积大法国十七倍的国家整个铁路网。日本的川崎带着它的新干线来到了中国，加入到争夺战中。中国人很巧妙地操纵三方之间的竞争，目的是从他们那里取得大规模的技术转让。

如今，该国的两个国有制造商有能力独自建造它们的"TGV"了，正如在北京的人们所说的那样，它们把取得的技术加以消化吸收，按照自己实际情况进行改造，甚至有了一些新的改进。从今以后，中国的"TGV"最高速度，每小时超过400公里，超过了他们的老大哥。私底下，西方的铁路专家认为这一速度具有欺骗性。这是一个非常非常高的速度。"别人用了40年，而中国用了4年就完成了超高速火车（TTGV）工业的发展。"这恰好是主管该产业和两

第一部分　桀骜不驯的巨龙
Le Dragon a grosse tête

家国有制造商的部委于2000年针对客户和外国人发表的摘要标题。

中国的"TTGV"就像一个真正的碾压机，所过之处，有把一切都压碎的危险。中国市场再无争论。这个国家将要在未来五年使他的高速铁路线网长度扩大两倍，从7000公里增加到16000公里。每年将投入超过1000亿美元的资金。西方人蜂拥而上，这不得不让人想起西方历史上第一次的抢购，大概是100多年前美国的抢购。从今往后，中国路网将比世界其他国家路网总和还要长。它的供应商们将是……中国人。如果有必要，本土化创新这把利器会为其助力。可是，西方制造商却正酝酿对尤其是第三市场进行大肆侮辱。为了吸引加利福尼亚州长阿诺德·施瓦辛格，沙特阿拉伯国王费萨尔或者南非总统雅各布·祖马的眼球，阿尔斯通、西门子和川崎把追求新型产品的质量、安全和完美放在首位。这些公司无力与中国制造商相比，中国制造企业能够提供更便宜的设备，因为都是比较基础的装备，且员工薪水低廉，提供机车和车厢，同时附加更有利的投资。在加利福尼亚，人们很自然地想起150年前，是一群中国工人最先在锯齿状山脉中架设轨枕木把加州和其他地区连接起来。今天即使中国工程师在那儿投入资金和技术建设第一批高速线，我们也不会感到惊讶。现在我们知道在北京阿尔斯通和西门子于2000年的角逐，最后的赢家却是中国的两个集团。竞赛仅仅是过去的历史罢了。

注定结果相同的竞赛正在其他部门上演。例如，"本土

C'est《l'avertissement》de l'ancien directeur du journal《e Monde》

 中国傲慢? L'arrogance chinoise

化创新"会使地方航空迅速起步。欧洲的空客、美国的波音、巴西的航空工业公司,和其他在中国市场的企业使北京得到该行业第一流的技术。但是中国的航空事业并不像高速火车那么顺风顺水。因为几年前在中国制造的100座级的支线客机"ARJ21"翔凤客机就很难起飞。甚至于本土的公司对它失去了兴趣。然而,载客量为170座的"C919"却标志着中国真正迈入国际竞争的行列。中国的制造商把已有必要的技术加以发展改进,并于2010年成功售出100架"C919",该型客机将加入到与欧洲空客"A320"与美国波音"B737"世界两大中程客机的竞争之中。预计于2016年首批飞机交付国有公司使用。正如公布上所说,这些还是明日之事。在跻身于法航荷航集团和汉莎集团的飞行舰队之前,借助低工资低成本,巨大的梯子效应和贬值货币,中国的飞机"C919"或其他某一型号飞机将会很快地吸引许多新兴国家的公司。空客和波音将要遭受到如阿尔斯通与西门子在"TGV"中、爱立信与阿尔卡特在电信设备中以及阿海珐(Areva)与美国西屋(Westinghouse)在核能中所遭受的命运。"本土化创新"如同一把可怕的武器,一些企业把它比做中子弹。在比较新兴的如太阳能、风能这些工业行业里,中国人显得更加自信。中国甚至不再考虑照搬西方的技术,再加以改进。他想成为新兴行业的先锋——自己单干,不再需要大哥哥了。中国广阔的国内市场证明,他首先会在国内迅猛地发展,之后也会迅猛地打入世界市场。西方的企业家、工会和政府揭露所谓的

第一部分　桀骜不驯的巨龙
Le Dragon a grosse tête

中国保护主义救助手段，揭露一些往往也不太光明磊落的行为，他们白费力气，中国依然在前进。就拿太阳能电池板来说，尚德太阳能（Suntech）、英利集团和另一家晶澳太阳能承担了世界二分之一的生产量（世界15大生产商中有七家是中国的公司）。在加州、德国或马来西亚，中国的集团已成为地地道道的小型跨国公司，它们的生产线遍布全世界。在风轮机领域，中国也已很快地取得了领导权的地位。国家把两家公司，一个是金风股份有限公司、另一个是华锐风电，置于世界五大盈利公司的行列之中。这的确是个巨大的市场。每90分钟就会有一个新型的风力发动机在中国这块土地上观察作业。这个市场近几年却突然关闭了。丹麦冠军维斯塔斯（Vestas）、美国巨人通用电气和其他企业在五年前还有选择的一席之地（2005年占有市场70%），到了2010年其市场份额勉强达到15%！它们在中国市场受到排挤，在世界市场实力削弱。是经济爱国主义吗？还是民族主义？北京对此矢口否认。不管怎样，它使得这片土地上产生了一种可怕的积极行为主义——当然是借着为美好事业而奋斗的名义。

这项美好的事业，即是与气候变暖作斗争，减少引发温室效应的气体排放量。全世界都被动员起来，中国也是如此。她成为第一个发起者并且想要避免最坏情况。因此，十多年来，她积极主动地着手实施一项政策，旨在减少碳的影响，与2005年相比，计划到2020年减少40%。为此，中国采取了许多措施——制定能源经济政策，努力寻找清

 中国傲慢？　L'arrogance chinoise

洁能源、开发碳市场、制定清洁能源汽车计划等等，与此同时，中国决定大力扶持非化石可再生能源的发展。与2005年仅占1%相比，到2020年像风力发电、太阳能、核能等这些产业将占据国家一次能源消费至少15%。据专家劳伦斯·杜比阿娜（法国可持续发展与国际关系研究所创始人及所长）声称，"中国的计划显示出她是世界上最雄心勃勃的国家之一"。无论是在哥本哈根还是在坎昆的关于气候的大型国际谈判中，中国不希望别人认为她是被迫作出选择。她把有利于清洁能源发展的政策放在首要位置，另外两个强烈的动机也促成出台这一政策。其一，是中国没有石油（该国有一些石油，但是太少，其消费有一半靠进口，2030年进口将达到80%）。她必需想办法确保能源的独立性，风能、太阳能和原子能显然是考虑的首选。其二，是作为新兴的工业强国，她不满足于过去（纺织、玩具或钟表）和现在（"TGV"、航空或核能）在这些行业活动中的主导地位，她也想要迅速地涉入到未来的产业中，而21世纪，主要是由这些产业部门创造就业机会。西方工业声称的北京的超意志主义，往往夹杂着经济爱国主义成分，这正是其超强意志的根源。总之，北京那里的人更情愿说法国人、德国人和美国人，他们当年没有以国家利益的名义保护好他们曾经在幼年阶段的工业产业。

　　为了帮助本国风力涡轮机和太阳能电池板生产商，不管是国有还是私营，北京绝不吝啬，出手大方。中央政府和地方各省为它们搞研究慷慨地提供补贴，还有低廉的贷款和通常是免费的场地。在北京和地方的政府部门作为这些产业的客户群，严格地践行着"买中国货"这一国家优先政策。2010年夏天，在其中一项国际大型高效太阳能电池板招标中（目标是使该国的电量增加一倍），在递交的135份标书中仅有一家不是中国企业。大多数外国竞争者认为，一开始这里面就有人搞鬼。成本差几乎没有给它们留下什么竞争机会。中国公司因此偷取了其国内市场。由于它们和国家工业其他部门共享了该国的具有竞争力的优惠好处（梯子经济、低廉的工资、贬值的货币等），它们可以毫无顾虑地向境外投射。丹麦的维斯塔斯依然是世界风力发动机的领军人，关闭了它在欧洲的工厂，在中国建立了研发中心，该集团领导解释说在中国建造一个涡轮机并运送到哥本哈根和在丹麦生产同样一个风轮机成本价是一样的。在加利福尼亚有一个著名的硅谷，那里出了许多的电子业世界级巨头。硅谷曾幻想转产，凭借它的新兴信息通讯企业变成太阳能谷，而且是世界级的太阳能谷。它最终放弃了这个梦想，现在它所使用的太阳能电池板有将近一半是从中国生产商那购买的。

4. 自命不凡，表里不一

难道从此以后中国觉得自己足够强大到可以摆脱外国

 中国傲慢？　L'arrogance chinoise

公司吗？她会抛弃邓小平提出的依靠外国公司寻求自我发展的战略吗？北京方面禁止任何的转变，这一纲领不可能改变。胡锦涛和温家宝这两位执政首脑可能不如他们的前任江泽民和朱镕基那样频频与西方世界大资本家交往，然而，他们继续公开表明路线没有改变也不会改变。

"总体上看，跨国公司和外国企业在中国一直是受欢迎的。我们希望这些外国企业参与到我们的经济发展中来。对于它们，没有也不会有歧视。"这还是2010年4月温家宝针对欧洲代表团作出的回答。该代表团由欧盟委员会主席若泽·曼努埃尔·巴罗佐和中国欧商会主席兼道达尔中国区总裁雅克·德·布瓦塞松带队。那天中国总理的说话方式还印刻在与会者的记忆中。当时一方是巴罗佐和布瓦塞松及其率领的三十几位西方企业家代表团，另一方是温总理和他的翻译及七位中国部长。我们的一位总经理回忆说："我们喝着乳清听着总理对我们讲话，他说的话正是我们想要听到的，但是我们感觉他的讲话更多的是冲着他的部长们说的。此外，当他讲话的时候，他公然转身对着他的部长们而不是面对我们。在我们面前，他用手指敲打着让他的部长们记住共产党的官方路线。"按照另一位与会者的说法，这种"肢体语言"（他借助身体讲话的一种表达方式）没有消除任何疑虑。如果存在敌意，甚至是对外国人的歧视，这不是上层的意愿，这是底层的反应，尤其是国家中间阶层包括部长、行政部门、各省及法院，等等。在之后不久，即9月中旬在天津召开的2010年中国达沃斯论坛之

第一部分　*桀骜不驯的巨龙*
Le Dragon a grosse tête

际，温家宝不得不更明确细致地阐明他的观点。他解释说，在外国投资商中间存在的争论，"不仅仅是因为他们没有明白我们的政策，也是因为我们的政策本身不是足够的清晰"。

这次会晤中国领导人表现出来的模棱两可，他们的这种双重性说明了中国公众舆论的现状。民族主义情绪不是顶层的特权，实际它在民众中的传播更加广泛更严重。在社会各阶层越来越公开表露其民族主义情绪。如今，宗庆后正在洋洋得意。不是因为他得到中国首富这一称号滋生了他此刻的骄傲（2010年他的个人财富达到120亿美元）。当然不是，而是2009年战胜了他的十年合作伙伴——达能（法国食品业龙头）。这次胜利偶然地助长了他的财富。整个关心国际事物的群体紧紧跟踪这场达娃之战，而宗庆后使用的让他赢得这场战争的主要武器就是民族主义感情。在20世纪90年代，达能的老板安托万·里布结识了娃哈哈的老板宗庆后。起初二人志趣相投，在矿泉水行业共同经历了一段美妙的历险。2006年，达能发现他的中国"朋友"在没有知会的情况下，建立与其合资公司平行的一个生产及销售网络，并且其使用的商标与合资公司娃哈哈达能的相同。安托万·里布之子弗兰克·里布在法国集团授权下开始起诉宗庆后违反合同里写明的非竞争条款，为了摆脱这种误解，一方面使用和平手段，在第一回合，里布建议宗庆后让达能收购他的股份。宗庆后没有同意，原因是开出的支票额度不够大。宗高调宣扬说达能想要攫取中国的

 中国傲慢？　L'arrogance chinoise

汽水商标。此人在党内尤其是国家机关里都有自己的关系网，他公开揭露法国达能集团的"殖民主义企图"，把达能的态度同1900年入侵中国的西方军队的态度作比较——仅此而已！在网上，是一片"宗，好样的"之类的叫好声。本土网民都支持、赞成他。面对杭州娃哈哈集团的拒绝，达能发动了一场全面的游击战。他公开揭露他的"老朋友"的所作所为。他曝光了娃哈哈在许多免税天堂悄悄建立的子公司。达能通过诉讼的形式在中国和境外对他的前合作伙伴发起攻势。达能还把国家当局最高层动员起来。因此，达能多次成为萨科奇和胡锦涛两位国家元首会晤时讨论的内容。2009年9月，达娃战争结束。在矿泉水领域，法国集团从世界上最大的市场撤出来了。达能官方解释说，它会"继续通过食品为中国人送来健康"。之后不久，达能将要卖掉其果汁的投资股份。中国当局不允许可口可乐作为买家收购股份。达能把在合资企业的股份以3亿欧元如此低廉的价格卖给了宗庆后（达能当时期待的价格是至少15亿欧元）。最后，他放弃了在全世界进行的法律诉讼。在中国之外，法律大体上还是站在达能这一边的。在这个事件中，达能也不总是没有指责的地方。法国集团定位错误，不该揭露宗庆后利用爱国情感组织防御。然而，就在几年前，当有传闻说美国的可口可乐要收购法国资本主义的大集团——达能时，达能就亲自在法国有效地并且淋漓尽致地利用了一回爱国情感。这件事体现了中国民众爱国情感的力量，国家各级法院对娃哈哈的偏袒和其领导人对此事

第一部分　　桀骜不驯的巨龙
Le Dragon a grosse tête

的模棱两可的态度。"如果您和您的合作伙伴有诉讼纠纷，不管是哪一类型的（造假、窃取知识产权或贪污），避免跟中国司法打交道"，这是今日在中国的众多律师的忠告。

另外一个体现中国人民族主义极度敏感性的迹象是，哪怕一件很小的外交事件如在法国巴黎奥运火炬传递过程中发生的骚乱、与日本的领土冲突，也包括与其他邻国的争端都会立即在网上，有时也会在街道上掀起如雪崩之势的非常猛烈的反应，与此同时，呼吁大众抵制受质疑国的商标和商品。对于这种可以说是以自发形式表现出的舆论的极端敏感性，中国博客群的观察家们都深受震动。的确，当今使用博客的年轻一代是在对外持不信任的环境中接受教育的：中国人一直跟他们国家的年轻人谈论西方的傲慢，谈论中国在国际舞台上重新找到自己的位置时美国的缄默甚至有时会在其发展道路上设置障碍。

在另一则实录中，当北京援引2008年出台的还不成熟的《反垄断法》拒绝把汇源果汁（民族果汁大王之一，国家受欢迎的品牌之一）卖给美国的可口可乐公司时，一项民意测验表明接受调查的中国人中有80%赞同这个决定。作为雇主，外国公司也看到了他们头上的光晕慢慢失去昔日的光彩。它们依然是明星，这点可以肯定，然而却是走下坡路的明星。2010年年中，有60%的中国干部在被问到他们找工作时的偏好时，他们把中国私企放在首选的位置，而外国私企却大不如前。根据美国的万宝盛华普查事务所作出的调查（人们不能怀疑它有偏袒之心），在找工作的

 中国傲慢？ L'arrogance chinoise

人中，把外企作为首选的比例三年内降了十个百分点。

总之，如果说外国品牌如耐克、宝马、路易威登或者麦当劳继续得益于消费者对这些品牌的好感，许多西方工业家和经销商发觉消费者对于民族品牌关注度在增高。此外，以美国牛仔制造商李维·斯特劳斯（Levi Strauss）为例，一些制造商已经从这个后果中吸取教训，同时在当地市场打出专门的中国品牌。法国一个企业集团爱马仕也走上了这条道路。这是一个好的典型。这个奢侈品行业的巨头自 1837 年成立以来首次作了一个小小的变革，坐落在巴黎"Saint‑Honoré"大街的老店就这样无中生有地在 2010 年秋创建了一个新的而且 100% 是中国的品牌"Shang Xia"，字面意义是"上下"。这是一个独立的项目。在上海时尚街区新天地的第一家店铺开业之际，该企业老板帕特里克·托马斯说他的想法是把爱马仕的哲学理念带到中国，建立一个中国的爱马仕，也得利于中国的年轻人对自身传统的迷恋。这是一支由一批中国设计师组成并且在爱马仕的合伙人年轻的中国女孩蒋琼耳领导下的团队。该品牌的第一批收藏品以茶为设计核心，商品包括成衣、家具和餐具，用当地原材料制成，其中以竹子、山羊绒、陶瓷为主。首席设计师蒋琼耳说："我们的品牌，其风格、材料和古老的工艺都根植于中国的文化。"因此，这是一个民族品牌，它要为爱马仕开辟出新的天地，与依靠法国制造的领带、箱包和手表相比，它会吸引更大的客户群。很显然其目标在于吸引中国内地城市剧增的新的奢侈品客户，利用中国复兴之际积极投身进去。

达能的前合伙人宗先生也打算以他的方式再踏乘民族主义的浪潮。这位仁兄要在全国开发专门的连锁商业中心以经销他的民族产品。2010年年末，他曾说："今后三年，每个中国的大城市都会有娃哈哈的购物中心。"他想自己控制营销，主要原因是惧怕如沃尔玛、家乐福和乐购这样的西方巨头把他的产品拒之门外，在他看来，这些大超市都咄咄逼人，有可能支持推销外国竞争者的产品。

如果说这种民族主义的升温没有过分地扰乱中国领导人，那是因为他们不时地提醒自己经济爱国主义不是中国的特产，远远不是，此外，在大萧条之时，这种爱国主义又死灰复燃了。世界上很少有国家像中国这样开放，北京强调指出有30万家外国公司落户中国，创造就业人口4500万，占国家经济活动超出四分之一，出口占将近三分之二。其次，最近几年在各国经济危机引发甚至激化了保护贸易主义行为。此外，在2010年9月汉城召开的G20峰会前夕，根据世界银行的一项研究表明，中国有可能是贸易保护主义的第一个受害者。北京主动提醒大家在这一点上，大家做的都一样。即使在自由贸易天堂英国，吉百利巧克力商被美国的卡夫收购案不也引发了荨麻疹一样具有传染力的久违了的爱国主义效应，结果导致要改革收购价并强化了不利于外国投资商的规定。

首先让北京最为恼火的是华为的遭遇。华为是一家成功的中国跨国公司，它是为电信提供设备的本土化龙头企

 中国傲慢？　L'arrogance chinoise

业。尽管它已跨越国界，把它的设备卖给非洲、亚洲和欧洲，并与爱立信、阿尔卡特－朗讯以及其他企业成为竞争对手，然而，这个高尖端的企业三年来在美国撞到了一堵真正的水泥墙。华为高新科技园坐落在深圳，靠近香港，您没有必要去那里上当受骗，人家会隐瞒主要情节。所有记仇的中国商人都会牢记这几次不同的碰壁遭遇。美国对于中国来说是一个开发的还是关闭的市场呢？在经受许多的压力之后，华为不得不于2008年放弃对"3Com"（电脑网络设备制造商）的收购。2010年，华为又一次错过另外两个猎物——微软的一个专业团队和摩托罗拉。2010年年底，他受到美国最大移动通讯运营商之一"Verizon"的排挤，最终失去了价值70亿美元的巨大合同。虽然每一次这个中国集团在投资方面都显得出类拔萃，但每次都是因为怀疑该企业与中国军队有关联而错失这些项目。原因是美国国家安全受到了威胁！任正非，华为的总裁，的确曾经是中国人民解放军里的一名军官。就像其他企业一样，这个企业正是出身于国防部的一个分支。今天的华为在全世界拥有96000名员工。他凭借其先进的技术和过硬的质量，尤其是其第四代最先进的网络，为法英及其他欧洲最大运营商提供服务。在全世界拥有研发中心，为了使美国接纳，华为甚至刚刚在加利福尼亚建立一个研发中心。总之，中国民族企业这颗瑰宝得到所有市场的认可——除了美国！然而，华为自己承认为了"收买"在华盛顿的高级陈情团、律师和顾问，他已投入了巨额的资金。到目前为止，徒劳

无益。

特别是对于那些揭露中国有可能搞有秩序的撤退的人，中国领导人不失时机地奚落并提醒他们，在2010年，中国引进外国投资超过1000亿美元（比2009年多10%），这是中国前所未有的纪录，也是其他国家无法达到的记录。30多年来，外国在华企业投资总计将近一万亿美元，涉及的资金总额巨大。其实这些人通常是香港的、"台湾"的或新加坡的华人，甚至是来自中华人民共和国的公民（他们使国外的资本流回本国）。中国领导人也同时强调指出，美国那些大的投资集团重新开始了他们的"北京之旅"。虽然直到目前还把这个复杂的东方国家排斥在外，但是这些贪婪的投资商如凯雷、黑石以及其他的私人投资合伙企业最近这些日子都在准备把自己的钱箱对准了中国市场。正如那些小额证券交易者所说的，他们对中国经济前景非常乐观（可以说很积极）。为了证明他们的信任，他们甚至用一直是不可兑换的地方货币"元"进行投资。谁还能说中国市场再次关闭，贸易环境恶化，未来前途未卜呢？

这一切都增强了中国领导者的信念和信心。在他们看来，一些不满的声音、一些大规模的撤退和一些令人遗憾的意外变动，只不过是一小撮苦于缺乏猛料的记者和几个资本主义的遗老遗少恶搞的附带现象。即使在世界级企业集团董事会里，对中国失望的人越来越多，他们为其向新兴国家投资的多样化做辩护。而在北京，人们对此不屑一顾。走开，这与他毫不相干。

 中国傲慢？ L'arrogance chinoise

5. 当巨兽挣脱牢笼

"2001年同意中国加入世界贸易组织，难道我们不是犯了一个严重的错误吗？"在纽约，没有人再忌讳这个话题。纽约证券交易所颇具影响力的日报——《华尔街日报》，是由一群评论员组成的团队，在他们沉闷的办公室里，这个问题甚至成为了纯粹的辩术。那些痴迷于"自由放任主义"的人认为，至少应该按照"中华帝国"的规模和体制为她量身定做一个带栏杆的笼子，而这个笼子的栏杆要比她刚来时那个笼子安装的栏杆更高一些（所以起初中国就享有特殊条款的待遇）。当时人们想让这头"巨兽"（中国）走进笼子，以便使之改变发展方向，重新开始走邓小平的路线，让中国接受合法公正的世界贸易原则。最初那段时间，中国假装服从世界贸易组织原则。随着市场的开放，关税壁垒的减少以及在国家内部一个法制政府的逐步确立，巨龙给人的印象是已经融入到这个新的环境之中。在过去的十年里，中国取得了巨大的进步。如今，经济实力的增长使她更加放肆地以另外一种形式的傲慢来藐视共同原则，有时甚至会嘲笑这些原则。巨兽自命不凡，让它呆在笼子里很难。

十年来，关于货币倾销、社会倾销、环境倾销（倾销

来自《世界报》前社长的『盛世危言』

第一部分   桀骜不驯的巨龙
Le Dragon a grosse tête

是指低于原价出售的行为)、伪劣商品和偷盗专利的诉讼成为中国与外界关系中的日常事务。这很正常，甚至有人会为此提供论据。巨兽还稚嫩，应该把它驯服。大家早已谙熟这一套，首先是日本然后是亚洲虎就经历过这些。但是，现在的中国毫不迟疑地就某些世界贸易组织基本原则行使自由权。例如：在互惠互利方面，一个中国投资商在波尔多买下一个葡萄园（有人开始这样做了），他就成为这块土地和葡萄园的产权所有者。一个法国企业家在中国开设一家工厂，他永远都不能成为这个工厂所在土地的所有者。那片土地属于国家，它不属于开发它的农民，不属于占用它的工业家，也不归属于房产"所有者"本人。他们只不过是土地上的租用人，他们在长期租赁合同范围内占用这些土地。这就存在一个是否是真正互惠互利的问题。但是在这个问题上，中国人和外国人之间没有区别对待，很难拿此事在世界贸易组织提起诉讼。还有其他情况，中国的态度令人更加不悦。

　　罗兹－华沙公路事件或者称做为引发争执的28公里！2010年年初，一批建造公路、工厂和廉租房的欧洲建筑和公共工程（简称"BTP"）的专业人员气得抓狂。巨龙有胆量！直到现在，像布衣格集团、万喜集团和其他如西班牙的"ACS"建筑公司这些世界建筑领头羊几年来表现得很平庸。眼看一个国家，甚至是一个大洲反反复复搞建设，而没有自己参与的份儿，他们实在是难以忍受。最近几年，世界上将近三分之二的道路、高速公路、高楼和工厂都是

 中国傲慢？　L'arrogance chinoise

建在中国。竟然没有世界建筑巨头的参与！他们没有资格参加盛宴，拿到合同，使他们的建筑团队参与其中的工作。中国的建筑市场近30年已经完全关闭了。加入世界贸易组织也不能改变这种状况。这些建筑巨头们自圆其说：可能在中国那边建筑被看做一个具有战略意义的产业。西方的"BTP"巨头来到中国的工地上有可能使该国的国家安全陷于危险的境地，也可能是有意支持民族建筑产业。就这样，他们任由中国折磨，第一次痛风在他们的前额发作却没有牢骚怨言。

　　接着中国国有企业集团在20世纪90年代末向非洲进军，塞尔日·米歇尔和米歇尔·伯雷在合著的《中国的非洲》①一书中对于这次巨大的公开收购描写得相当精彩，还是这些欧洲建筑巨头，他们又一次保持淡定。第二次痛风在前额上发作时，他们当时不是没有说话。非洲是他们的保留范围，至少他们是这样认为的。他们看到来了一些既无信用又无原则的竞争者，欧洲建筑商遭到排挤，要求作出解释，"跟中国人合作我们的公路里程比跟你们合作时增长了两倍"。这就是非洲有限公司的股东们给出的答复。没什么秘密可言，就是大规模的倾销，然而又很难说清楚。欧洲企业家很难继续参与竞争，因为中国团队是由那些主要来自该国最贫困地区的工人组成的，工资低得可怜，几

---

　　① Michel, Serge et Beuret, Michel, *La Chinafrique. Périn à la conquête du continent noir*, Grasset, 2008.

乎二十四小时连轴转，他们的投资低得不能再低，质量并不总是无懈可击。欧洲企业家忍受这第二次痛风的折磨。这让他们更不好受。而第三次却把他们惹火了，那就是波兰的罗兹－华沙高速公路事件。

这件事使他们忍无可忍。在波兰官方公开招标之后，中国海外工程有限责任公司（COVEC）于2010年被授权修建一条长度为28公里的高速公路，这段高速路要把两个城市联接起来。中国人关闭了他们国家的市场。他们把手伸向了非洲市场。而现在他们开始冲击欧洲市场。用的还是同样的手段——倾销。对于"争端之路"的这两部分工程，中国给波兰人的报价要低于申请人评估价的60%。更要命的是：这个项目是由欧洲提供资金的。欧洲纳税人出钱让那些既不尊重社会法则又无视世贸竞争原则的中国建筑商有活儿可干。如果当时布衣格、万喜或其他建筑集团也能够在中国政府的帮助下修建中国的八车道的高速公路的话，如今他们也无二话可说。但事情并非如此。在这样的情况下，2010年当人们得知世界"BTP"的前两位不再是法国的万喜和布衣格时，没人会感到惊讶。在工程新闻实录的年度专业评级中，中国两大国有集团即中国铁建（排名第一）和中国中铁（排名第二）首次超过法国的两大建筑集团。

在世界贸易组织这个牢笼里，有互惠互利原则以及其他的原则。加入世界贸易组织，就意味着要放弃出口配额和关税，不允许作出单边决定，特别禁止把贸易作为政治

 中国傲慢？ L'arrogance chinoise

武器。到目前为止，中国没有误入歧途。她大体上还算循规蹈矩。但是，2010年夏爆发的稀有金属事件即停止向首先是日本、然后是欧洲和美洲的高科技工业领域出售珍稀原材料，这件事标志着其态度的改变。中国领导人的表现既尴尬又笨拙且带有攻击性，千方百计为其禁运行为自圆其说。且不谈诉讼情况，单就这件事本身就是中国歧视国际贸易规则的另一种表现形式。自经济腾飞以来，中国首次显示出意欲使用经济武器捍卫其政治利益，为了使其想法占上风，她准备要让她的经济合作伙伴受罪，甚至不给伙伴呼吸的空气，让他窒息。

那么，她打算怎么做呢？在经济方面，中国还没有处于垄断地位。她的实力在于自身拥有一个巨大的市场，一个有13亿消费者的世界最大的市场。在一些如饥似渴的越来越富有的消费者中蕴藏着最巨大的潜力。正如经济学家所说的那样，中国这个市场人人都想介入，大批的供应商围绕着这个市场展开了激烈的竞争。中国总是利用竞争提高自己的价码。她行事巧妙，擅长坐收渔翁之利。"以市场换技术"、"以市场换资源"，这些交易是中国起飞的根源。她终于学会了让那些进入中国市场的人交纳高昂的入门费。谁想要从中国市场中捞到钱谁就得同意转让技术或者原材料。随着期待的内地市场的发展，中国还会变本加厉地玩弄竞争的游戏。然而，她发现了另外一件武器，中国毫不迟疑地想要借助她的稀有金属搞独家垄断。

稀有金属，就是几种稀少的金属材料，总共有17种，名字没有那么浪漫（锗、铈、镝、钕、钇等等），但是却有着卓越的性质。稀有金属对于制造计算机硬盘、平面荧光屏、风轮机、激光或者混合动力车都是不可或缺的材料。它们最终成为所有高科技产业的核心部分。与其名字相悖的是，稀有金属的矿藏并不稀缺——全球到处都有——在中国当然有，但是在美国或澳大利亚也有。此外，在地壳里的稀有金属的数量有可能是人们所知道的黄金储量的两百多倍。然而，很少有人去开采这些矿藏。实际上，采掘稀有金属是很冒险的一件事，除了要投入大量的资金外，它还是环境恶化的罪魁祸首。因为这些原因，早在30年前还是世界市场领军人物的美国就开始逐渐停止了对该国加利福尼亚矿藏的开采，于是把这条真正的林荫大道让给了不太关注环境的中国。结果是：实际只占有全球储量三分之一的中国如今成了举足轻重的国家，稀土生产量占据98%。在最大的一家开采稀土的中国企业（内蒙古包钢稀土公司）的墙上，写着邓小平1992年的语录"中东有石油，中国有稀土"，让我们看到这位领袖的先见之明。他后来的继承者们没有忘记石油国家联盟OPEC（石油输出国组织）的做法。多年以来，利用在这个战略市场的强有力的地位，中国限制产量，强加出口配额。自2002年以来，中国成功地引发稀土价格飙升，凡是跟稀土沾边的珍贵石头在八年内价格上涨了十倍。自打那时起，该国宣布打算未来几年还要缩减生产。

　　中国不乏充足的理据，以便能够实施与世界贸易组织

 中国傲慢？　L'arrogance chinoise

原则相矛盾的出口配额和出口税的政策。中国稀土储量有限，按照现在的开采速度，只能够维持15到20年。1996年中国稀土储量为4300万吨，如今只有2700万吨了。由于世界到处都有稀土，即使那些地方更难进入，开采成本更高，也没有理由让中国继续成为世界唯一的供应商。中国不希望仅仅扮演原料供应商的角色，她也想在自己家里，在自己的国土上发展初加工产业，甚至是导向高科技产品的整个产业链。总之，她想鼓动西方和日本的企业家来中国加工这些矿石然后再出口。有一些企业，比如法国的罗地亚化工集团（Rhodia）就已经这样做了。为了迫使大家更多地重视环境的压力，她最终想要放慢稀土矿的开采脚步。在保护稀有资源和环境的同时，中国最终认为其做法完全符合世界贸易组织的原则。

　　除了配额和出口税之外，禁运也毋庸置疑地违反了公正公平的贸易原则。2010年9月的一天，正值中日两国关系处于敌对状态，原因是由来已久反复出现的领土争端问题，即位于中国海域的岛屿问题，日本人把它们叫做尖阁群岛（Senkaku Islands），中国人把它们叫做钓鱼台群岛（Diaoyutai Islands），就在此时，在没有知会任何人的情况下，中国突然中断了对日本的稀土出口。几周之后，她也停止向美洲和欧洲出口稀土。对于丰田、索尼和其他日本工业巨头来说，这就是一场灾难。若想使工厂运转起来，生产他们的混合动力车、光纤和平面荧光屏，他们就绝对需要这些宝贵的稀有金属。日本经济本来就已经处境艰难，

第一部分　桀骜不驯的巨龙
Le Dragon a grosse tête

现在又面临着这一威胁。日本巨头们已经把他们高大的邻居当做唯一的供应商。他们现在却被捆绑在一件他们认为跟自己不相干的政治事件里。

这件事使中国领导人局促不安。一方面否认政治禁运思想，一方面又接二连三地搞出不一样的版本。起初，他们力图让该行业的小企业家承担责任：日方扣留了在有争议水域冒险的一艘中国渔船的船长，日本人的态度激怒了这些小企业家，在没有任何协同的情况下，他们自发地决定停止运送稀土。这只不过是北京再次暴露潜伏在这片土地上的民族主义狂热的方式罢了。然而，很难把这个事件的责任归咎于小企业，因为承担国家生产量超过45%的唯一一家大型国有企业也参与了禁运行为。接着，中国领导找一些合乎逻辑的理由为自己辩解，如运输与港口难以应付过度的工业活动，海关监察人员过于吹毛求疵。可是与此同时向发达国家持续增长地大批量运送T恤衫、iPad和其他商品时却没有耽误任何功夫。最后，北京以工业政治为由，意欲保护环境和储量，其最终目的是支持在本地建立初加工工业。

总之，在这则案例里官方的解释并不重要，事实摆在眼前，中国以少有的粗鲁方式利用经济武器为其政治利益服务。当然，在这一点上，中国并不是始作俑者的国家。前面有石油输出国组织减少石油生产，俄罗斯切断了对欧洲的天然气供应，西方孤立南非因为她反抗种族隔离制度。在国际关系中如同人与人之间的关系，禁运是一把惯用的

C'est《l'avertissement》de l'ancien directeur du journal Le Monde

 中国傲慢？ L'arrogance chinoise

武器。此外，它就像一把中国刀，一把双刃剑，往往也是一招制胜的武器。在短短几周的时间里，停止稀土出口使世界意识到它们对于这个唯一供应商的极端依赖性。巴拉克·奥巴马的国务卿希拉里·克林顿说，这件事给西方世界敲响了"警钟"。中国的鲁莽行事促使全球的工业家联合起来组建了一个庞杂但很有权威的联盟。他们呼吁 G20 接管处理这件事。该联盟的要求是："不应以任何借口使稀土贸易成为民族产业政治或政治冲突的砝码。"这个事件使人们又重新对稀土产生兴趣，并促使他们研究中国矿的替代办法。在美国，距离拉斯维加斯南部 100 多公里的加州派斯山重新开发稀土矿，美国稀土公司（Molycorp）的股东们很是满意，因为这些矿藏归该公司所有。这将是 50 年来美国首次开矿。在日本，企业家们合力资助科学研究并支持废料回收。在德国，政府即将建立战略储备。总之，中国"真真假假"的禁运，让过于依赖这个唯一供应商的人们意识到所遭受的风险。特别是禁运行为显示了中国作为大供应商所秉承的理念"和平崛起"在未来可能并不是那么平和。

　　就在稀土冲突的几周之后，又一件事证实了中国的演变。中国外交部的一位副部长，此外也是 G20 峰会胡锦涛主席的陪同，通过他的声音，中国威胁欧洲国家，针对的是派代表去奥斯陆参加中国人刘晓波诺贝尔和平奖的颁奖典礼的国家，中国声称会采取报复措施。这位副部长说道："那些作出错误选择的人将承受严重的后果。"言辞激烈。

通过此事，他让世人听到了他的国家将使用经济和财政实力惩罚那些不听话的人。当美国日报《纽约时报》社论评论中国的这个指令时，其开篇说道："中国的傲慢看起来无法无天……"

6. 优雅的仲裁者

学生超过了老师——在许多领域，中国走在了老师的前面，尽管是老师教会她竞争、资本主义和市场经济。她想要从中吸取教训。不再由没落的老师给学生打分，至此角色转换了。事实上，几年以来，中国力图到处以优雅的裁判自居。籍着取得的成就和重拾的自信，中国给全世界的政府、企业、城市和大学打分评级。当然，在反对他们的老师——旧工业化国家的那套评级办法的同时，中国竭力推崇自己的方法。显然因为上海高校知名的分级方法使中国以最快的速度树立威信，得到世界的认可。但是在其他方面，比如在主权国家的评级中，她也野心勃勃，不讲信用。

三年来瓦莱丽·佩克雷斯在法国政府效力，她的使命是负责保护法国的大学。她从来都没想到会在上海进行这项工作——在世界资本主义的新麦加城参加评级考试。然而，2010年春，女部长却来到上海交通大学，交大精心起

 中国傲慢？　L'arrogance chinoise

草了一份世界大学前500名的排名分级。瓦莱丽·佩克雷斯就像勤奋的小学生一样，为法国高校在全球排行榜中不理想的名次做长时间的辩护。她当时想说服上海的评委会，因为几个方面的改革——法国大学的自治、大校园的建立、新型的研究组织机构，法国正在弥补差距和不足。几个月后，新的排名尘埃落定。令人失望的是，法国在排名中的位置没有改变。瓦莱丽·佩克雷斯解释说："要等到改革见成效的时候。"而她也还得为此长途跋涉。

如果说全世界的教育部长和最知名大学的校长们就像瓦莱丽·佩克雷斯一样鱼贯而行来到上海，那是因为这所学校制定的年度排名事实上已经得到大家的认可并奉为参考标准。这个排名成为各个国家的信条——比如德国，干脆把它当做大学改革的主要标准，"杰出的创举"。那些择校的学生和家长们把它视做不可或缺的指南。企业也依据它来渔猎英才或资助教师。结果是各个高校努力争取提升自己的排名。西方的学者当然有理由讥笑上海的排名，他们坦率地认为这个排名不够严谨、不够科学、带有偏见。"尽管它媒体的覆盖面很广，但是用它充当评论学术机构质量的工具，既无用也不合理"，负责"欧洲最优秀大学"排名研究任务的爱丁堡大学教授杰弗里·博尔顿直言不讳地如是说。起初，在2003年，这个排名没有如此的野心。它是由上海交通大学的两个普通的教师（其中一位是化学教师）在校长的要求下制定的一个排名。该校校长当时只是想了解一下他所在的学校在中国和外国高校中所处的位置。

第一部分　桀骜不驯的巨龙
Le Dragon a grosse tête

两位教师在网上搜集了世界 500 家教育和研究机构的相关数据。他们把这些数据汇集起来，大名鼎鼎的排名就这样诞生了。从此，众多机构试图与上海的排名 PK。在法国的倡导下，欧盟也为建立自己的排行榜而努力。但在此期间，中国人创造的排名已经得到承认了。虽然他们还没有涉足企业和国家的评级，但是借助于"大公"这个评级机构，中国人倒是很乐意走上这条道路。

2010 年夏，人们心头为之一悸。在因房地产贷款破产引发的美国次贷危机爆发后的两年，西方大的评级机构在危机中的责任受到了质疑。一个崭新的评级机构促使大家谈论到了评级机构的责任问题。这个机构叫大公。名字如锣声隆隆。大公正是中国的公司，向世界提供评级服务。从希腊到法国，从巴西到葡萄牙，该机构为 50 多个主权国家做了评级。当然他的评级与领导世界市场一个多世纪的西方三大评级机构的评级不尽相同。西方的三大评级机构分别是美国的穆迪和标准普尔以及法国财团控股的惠誉。大公以"中国制造"的方式评估各个国家创造财富和偿还债务的能力。法国、英国、美国和德国在大公的评分册上的成绩不如穆迪和其他评级机构给的分数高。相反，中国却在评分册上脱颖而出——就像大多数新兴国家一样。真是靠人不如靠己啊！

三个月前，在 2010 年伦敦 G20 世界最强国家和政府首脑峰会上，中国国家主席胡锦涛的讲话实际上就道破了中国的意图。利用次贷危机引发的对三大评级机构的敌意环

 中国傲慢？ L'arrogance chinoise

境，他以此为突破口说道："世界需要客观、公正、合理的标准来评估主权债务，使用的评估办法不要受意识形态的影响。"主席谈到的，正是大公所做的事。中国这个评级机构做了独立的保证：它完全是私人的机构，该机构的董事长这样解释到。而实际上该机构是 1994 年由中国人民银行和国家经贸委（当时国家机器最权威的行政部门之一）批准成立的，最先的目的是为中国的企业评级。2005 年以来，该机构扩大了评级范围，它同时也给债务越来越多的主权国家评级。大公的董事长在介绍自己机构的评级得分时，强烈谴责西方同行业。它们"被政府操控"，缺少"客观性"。它们"被政治化并受到意识形态的严重影响"。所有这些都是那些超过百年的机构（建立于 20 世纪之初）的缺点。而中国的评级公司还很年轻，无论如何都不能怀疑它会有这些不足。

这个新机构充满活力的董事长还主动地宣称："应该建立中国的标准。""我们更加定量化的方法是具有革命性的"，他补充到。然而，他的机构并没有主宰一切，即使在中国也没能称王称霸。对于企业债务评估，地方资本集团情愿找那些是西方老牌评级机构合作伙伴的私人评估公司。2006 年，大公市场占有率是 60%，而 2010 年勉强达到 20%。大公被三个民族竞争对手超越了。大公想要去美国拓展业务。素有美国市场警察之称的美国证券交易委员会（SEC）在 2010 年秋拒绝认证该机构进入美国市场。被激怒的大公总裁评论说："这是一次真正的挑衅。"就在首尔召

第一部分　桀骜不驯的巨龙
Le Dragon a grosse tête

开的 G20 峰会之前，二者没有丝毫的关联，大公总裁在同业中宣告美国的评级由 AA 降到了 A+。该机构的解释是："经济发展和美国模式的不完善导致国家经济萧条，支付能力下降。"文森特·J. 特鲁加里亚 20 世纪 80 年代给主权国家评级，在受到质疑后，为了穆迪的利益，他把手按在胸口发誓说："美国政府从来没有联系并试图影响我们的工作"，他又狡诈地说："相反，我很难相信，就中国的政治体制，在公共评级上没有政治领导人任何的影响。"美国标准普尔的老板麦格劳·希尔也回应说："这让我想起了 80 年代，当时，我们降低了日本的评级信誉。于是，东京政府呼吁建立日本自己的评级机构。这件事离今天不是很遥远。"而这次因为上海的评级和大公的记分册，事态可能有进一步的发展。

中国认为自此以后可以名正言顺地充当优雅的裁判。在大学方面，她向国外输送的学生最多，是世界最大的输送国。在美国和欧洲的大学里有好几万中国学生。在中国本土也有数量最多的大学，一些大学接收大批的外国年轻人。最近十年外国在华留学生的数量增至三倍。中国的评委为这些外国学生建立了分级，随后成为难以争论的世界参考标准。在金融方面也是如此。凭借其空前的外汇储备额，中国成为世界银行家。当她要把钱借给一个国家的时候，为什么要依靠外国老师打分数呢？为什么靠市场生存的盎格鲁－撒克逊的三大评估机构会拒绝市场法则，拒绝一个新的参与者的竞争呢？

 中国傲慢？ L'arrogance chinoise

事实上，中国知道通常谁来评分谁就是操盘手。他是真正的乐团指挥。中国人受美国的政治学家约瑟夫·奈提出的先进概念的启发，几年以来，他们在谈论"软实力"，一种温和的能力，与"硬实力"如军队野蛮的力量相反。在软实力这块阵地上，他们想通过诸多手段（电视、电影、媒体、学校、研讨会等）树立自己。在2007年10月，胡锦涛主席亲自做传令官，首次在报告里重提"软实力"战，"在国与国竞争中这是个越来越重要的因素"。为了这个目标，中国动用了巨额资金，数目达数十亿美元。比如分布在世界的孔子学院会得到大量的资金支持。和法语联盟、歌德学院及塞万提斯学院一样，中国的这些学院负责让世人了解中国的语言、文化和中国的现状并使之更具有吸引力。第一个孔子学院是2004年在乌兹别克斯坦的塔什干成立的。到了2010年末，已经有超过280所学院，其中法国有14家。到2020年将达到1000所。这是一个蓝图。就像其他的计划一样，这是必须要做的事情。一个强大的国家，更何况是世界第一大经济体，各处都应该有自己的转播站，在平民社会里也是如此。在世界层面的信息领域，中国同样作出了努力。中央电视台创办了一个新闻频道用英语面向全世界做不间断地播放。在北京的眼里，这个CCTV News 要与美国的 CNN 和阿拉伯半岛电视台竞争。它受委任开发更专业的信道，目的是使国家以外的人了解中国对世界的看法。全球讲法语的人能通过 CCTV – F（中央电视台法语频道）看到该频道提供的持续播放的电视新闻、杂志、娱

乐节目和"国产"但配有法语的电视剧,非洲成了这个新频道的特权目标群之一。至于新华社,它是国家最大的新闻社,2009年中央政府给它委派一项重大任务,即与在中国的道琼斯和彭博社以及其他西方财经新闻社竞争。《新华财经》要以中国的视角24小时发布经济新闻和分析。该社为此买下了纽约时代广场的豪华办公楼,离享有盛誉的纽约日报《纽约时报》所在的漂亮的大楼不远,而后者所在的这幢大楼却被迫出售以填满亏空。这真是一个写照。

然而,美国人约瑟夫·奈在2010年10月的杂志《华盛顿季刊》中这样评论道:"对于中国的'软实力',还有许多的限制。"金钱不是万能的。人民群众也不是。哈佛教授解释说,如要使自己有吸引力,博得大家的好感,变得有影响力,还需要有内涵和可信度。在这方面,特别是由于政治审查,中国很难得到认可。目前在国际舞台上,与中国出产的电影相比,印度宝莱坞的电影更加成功。但是,上海的分级、大公的"三A"评级、世界最具竞争力城市排行榜、星罗棋布的孔子学院和其他的因素都清晰地表明在国际音乐会中,中国已决定要占领指挥台,操纵指挥棒。

* * *

中国改变了。邓小平过去一直叮嘱他的同胞们要保持

 中国傲慢？ L'arrogance chinoise

谦虚。他本人也表现出谦虚的模样。他的继任者胡锦涛和温家宝还是如此，他们也害怕国家的觉醒会掀起世界敌视中国的浪潮。为了防止这股浪潮，他们发明了"和平崛起"这一论题。几年来，在奥运会和世博会，"TGV"和航天员等领域所取得的成就，中国忘记了邓小平的忠告。最近几代人，年龄在30、40或50岁的这些男男女女，那些既没有经历过饥荒和大家庭，也没经历过"文化大革命"的"小皇帝们"不再像他们父辈那样的小心谨慎。他们不是胆小怕事之辈。他们已经在商业中取得了操控权。伴随着2013年中国共产党的第五代领导的到来，他们在国家机器里也将如此。他们认为可以抛弃这些讨厌的国外资本家兄弟们；他们拥有了自己的技能、自己的技术、自己的文化。他们也可以抛弃那些由今天已经衰退的经济曾经制定的各个领域的法则、规范和法律。西方的危机增强了中国人重新找回的自信心。一个来自第三代移民的法国年轻人讲述："五六年前，当我去看望我的亲人的时候，在广东，我受到的是皇帝般的礼遇。"他气恼地看到："现在，他们对我、对法国、欧洲和世界其他地方都不再感兴趣了，"中国自认为重新成为了世界的中心。巨龙自命不凡——而对于世界其他地方来说，这又是一件让人头痛的事。

第二部分

一切皆正确的巨龙

Le Dragon a tout bon

引 言 // 51

在喧嚣中航行的艺术 // 52

"汉族姐妹",她不觉得这些爆炸会发生 // 61

两次成功收购和一个中断的并购 // 73

进军"3A"(亚洲 Asie、非洲 Afrique、
　　拉丁美洲 Aérique latine) // 82

巨龙逐金 // 89

第二部分　一切皆正确的巨龙
Le Dragon a tout bon

C'est《l'avertissement》de l'ancien directeur du journal Le Monde

引　言

"不管黑猫白猫，只要能抓到老鼠就是好猫。"今天，在中国，邓小平的这句名言仍然具有现实意义。这位中国工业改革之父通过这一形象的比喻，想要说明的是，当我们对一个国家负有责任的时候，重要的是最后取得的成果，而不是成果取得的方式。在那个年代，就是"总舵手"要证明其大刀阔斧的改革，经济自由化和对外开放是正确的，而这两大方针与毛泽东及其追随者从1949年就开始维护的教条完全背道而驰。

30年过去了，中国的领导人仍然以他们的方式遵循邓小平的名言。效率对他们来说永远是第一位的，实用主义是他们的信仰。但恰恰是为了追求效率，为了坚持这一信仰，在某些情况下，他们被导向一种对"邓小平理论"这两大战略方针的挑战。因为世界变了——自2007年以来，世界被卷入了一场严重的经济危机之中。因为中国本身也变了——30年各方面的增长滋生了很强烈的内部压力。于是，中国政府重新掌握了局面——被称之为国家"看得见的手"重新活跃起来。要尽一切努力来避免危机，阻止美国的金融危机蔓延，从而引发社会动荡和边境骚乱。结果是：在最近的五年中，就像过去30年一样，中国的经济成

 中国傲慢？ L'arrogance chinoise

绩令人惊讶。中国已经成为世界第一大工业强国，第一大出口国，以及第一大能源消费国。她占全球国内生产总值的10%，而1978年这个数值只有1%。她几乎没有受2007—2010年全球经济大衰退的影响。她的前进步伐并没有受其内部矛盾的影响（社会、环境和金融方面的矛盾）。她还能缓和威胁其边缘的紧张局势（香港和台湾）。在各个领域，不管是汽车、火车、航空、"绿色产业"、电信，还是科学研究、货币市场以及艺术市场，她都继续变得更强。如果中国真的傲慢，那也是合情合理的。中国从前是一个发展中国家，现在是一个兴起的国家，或者说重新兴起的国家。巨龙一切都好：全体中国人都这样觉得——不管是在地方政府办公室里的李先生，还是在北京的中共中央政治局里的习先生。他们没错。他们有自己的目标，虽然不是每个人都这样……并且他们知道：他们很自然会被煽动。21世纪初，在中国，人们终于不再遵循邓小平的格言。对中国来说，在情况发生的时候化装成小老鼠，"不管是黑猫白猫"，也不管危机是美国的、社会的，还是环境的，重要的是，避免之。

1. 在喧嚣中航行的艺术

起飞远没有结束，喷气式飞机却已经进入一个剧烈的

第二部分　一切皆正确的巨龙
Le Dragon a tout bon

动荡区。驾驶舱内，全体机组人员应付着。放弃自动驾驶，机组人员重新掌舵，就像从前一样。乘客得到通知——他们被要求系紧安全带。他们只能为此感到庆幸。那么，即使他们从此以后暴露在空中飞行，中国人也是这个地球上那些在最近的动荡中受伤最少的人。这就是最终对中国经济近十年的概括。这个国家仍然处在经济的起飞阶段，从90年代末开始，它必须面对三次来自外部的前所未有的冲击：1997—1998年的亚洲货币危机、2000年纽约证券交易所的因特网价值暴跌，和2007年美国的次贷危机以及随之而来的全球经济大衰退。这些冲击当然对它造成了影响。但它们并没有从根本上扰乱飞机的航程——一架大型喷气式飞机，人们会明白的。中国经济，这架飞机，在它的上升阶段，差点被迫停飞。

飞行员，好样的！国际货币基金组织在2010年年中发表的中国情况报告中用这样简单的语言来评价中国，它也确实是这么想的。之前的三份中国经济检查报告已经在中国出版。那是相当具有批判性的。这次，即使国际货币基金组织还是指责中国领导人低估了人民币，他们认为这一国际组织对他们行事方式的"称赞"值得在全世界公开。不光国际货币基金组织赞成这种行事艺术。法国评论作家尼古拉·巴弗雷说话一向都很苛刻，连他都承认"被中国宏观经济的驾驶术所震撼"。美国评级机构穆迪公司虽然被年轻的中国对手所打败，却一点也不记仇。2010年秋，穆迪公司再一次鼓起勇气，重谈中国的债务问题，它用了这

 中国傲慢？　L'arrogance chinoise

样一个标题来称赞中国强有力的表现——《中国对 2008 年经济危机的有效回应》。

当然，更详细地说，这些外部危机每一个都对"飞机"造成了影响。每次危机都引起骚乱——降低了活力。国内生产总值的季度统计报告清楚地反映了这一点。2008 年秋季，美国雷曼兄弟公司宣布破产后，世界贸易一下子就搁浅了，广东的工厂、中国巨大的手工制造业、深圳的技术工厂、中国的模范校园，以及上海港口的散装货轮，都眼睁睁看着它们的订货单上的数字一落千丈。这些工厂都逐步停工，紧缩队伍——说得更明白点，就是解雇了很多工人，这些往往是没得商量的。大量的工人都被遣返回乡——超过 2000 万的外地打工者一夜之间没了工作。总的来说，尽管中国的经济是一种过分对外开放的经济，对出口和资本流动的依赖性很强，但不管是在过去的五年还是十年当中，它的经济都没有真正倒退。然而，人们都曾预言其经济会有不止一次的衰退。

早在美国次贷危机之前，中国正在着手进行其"十一五"计划（2006—2010），那时候大部分西方经济学家几乎众口一词，打赌中国的经济增长会不可避免地减慢——他们中的一位，克里斯蒂安·博伊索，是法国经济分析委员会主席，他回想起 2010 年在伦敦参加关于中国的英法研讨会时感到有些羞愧。所有人都仔细观察着哪怕是一点点预言中经济垮台的迹象。衰退并没有发生。西方经济趋势分析专家总是跟不上中国快速的动作——这已经不是第一次

第二部分　一切皆正确的巨龙
Le Dragon a tout bon

了。金融危机背着他们在另一个帝国——美国爆发了，随之而来的是其无法维持的房屋贷款的爆炸，也就是著名的"次贷危机"，相反的，那些经济趋势分析专家中很少有人预见了这一点。

中国最终度过了这场风暴，并尽量降低损失：经济增长稍微放慢，并没有出现倒退，反倒是关于经济过热的争论。更妙的是，过去五年中，在全球经济大萧条的时候，她经济的平均增长实际上最终达到了"十一五"计划的目标。经济增长量大致在每年10%左右，而法国勉强才达到1%。2006年，中国的全球生产总值为26000亿美元——一个中国相当于半个日本。2010年，这个数值接近55000亿美元。五年之内翻了一番！在新的十年刚开始的时候，中国就相当于一个多日本了。超过岛国日本之后，这个红色国度借此机会成为了世界第二大经济体。

面对最近的骚乱，以及由美国经济危机带来的不利影响，中国领导人们再一次证明了伟大实用主义的优势。美国国库于2008年9月15日批准通过了雷曼兄弟的破产。而中国这方面只需要八个星期就作出反应，彻底改变了他们的飞行计划。2008年11月，中国宣布了一个复兴大计划，并且大开贷款闸门。以前他们打算造60个机场，而现在将要翻一番了！中央政府准备在两年内启动相当于6000亿美元的项目——占到了其国内生产总值的7%——2009和2010年两年之内，在全国范围实现更多的基础设施建设，这其中包括公路、高速公路、高铁、发电站、地铁、医院

C'est《l'avertissement》de l'ancien directeur du journal Le Monde

 中国傲慢？　L'arrogance chinoise

等等。自治区和自治州也被动员起来。它们并不拥有正式的借债权。不过它们以自己的名义开创了专门为此设立的最合适的机构。至于银行方面，因为都还在国家的管制之下，所以会被要求不那么斤斤计较。就像总理温家宝一段时间以后（2010年3月）说的："我们社会主义体系的优势在于可以很快地作出决定，并有效地实施。"如果考虑到这个国家的规模，2008年中国的部署总的来说大概是一个历史上从未尝试过的经济复兴大计划——比20世纪30年代美国的罗斯福新政以及奥巴马上台后的大计划更重大。

很快的，上千个工厂又遍地开花。在合肥（中国中部的穷困省安徽）、成都（西部的四川省），还有重庆（世界上最大的城市，拥有3700万人口！），本来就已经很密集的工地上，更多的起重机像森林般矗立。大量的公共投资代替了不景气的出口来支持这些活动。这个国家在消费方面一直很谨慎，这次却快速地投入了大量贷款——银行的房贷量2009年是2008年的两倍。而这所带来的侧面效应则是，这钱来得太容易，滋生了一些泡沫——首先是证券市场，其次是房地产市场。不过没关系，中国的经济增长应该会达到6%或7%，至少能给应届毕业生提供工作机会，每年大约有150万—200万左右的毕业生还在不断涌入就业市场。而这一数字不太可能会降低。这个计划是有市场的。经济增长还在继续。中央政府大规模迅速的应对使中国能够躲过经济大衰退。

为了达到这一目标，中国的应对措施必须抛弃30多年来作为国家战略支柱的两大原则：经济自由化和对外开放。不过，这无关紧要。在官方的讲话中，还是不变的那套说辞。而事实上，经济自由化和对外开放的程度都降低了。和世界上其他国家一样，中国也是，危机最终促使国家在经济中回归了。这就是复兴计划——大量的公共投资；国有银行成为了执政党的工具，即便国家继续把它们推向证券市场；公共干涉主义在各个领域都变得更迫切。必须减少能源消耗。各地的工厂被迫关门，小企业要交更多的税。而那些国有的大型企业则幸免于难。在东部沿海的浙江省，地方政府为了遵守承诺，就迫使企业在年底的时候采取一种恶性方式："止于十，起于五"（十天之内关闭，五天之内再开张）。只有那些特别小的公司屈从于这种奇怪的制度。危机使人民生活回到了资本主义时代。航空运输业等为这种"展翅"提供了阐释。

空间，必须给航空运输业以空间。这是21世纪前几年中国领导人的信条。就像在所有领域一样——钢铁工业、建筑业、电信业等——都应该鼓励竞争。那些私营竞争对手将会触动大型国有企业；这对谁都好：不管是消费者还是国有公司。国有企业在20世纪80、90年代已经大批地重组，几年之内在所有的工业领域裁掉了大约6000万个岗位。根据世界贸易组织的要求，中国承诺还应该更多。于是，三家大型国有公司在中国三分天下：国航、东航和南航。它们需要挑战者，于是，国家设法让这些挑战者涌现出来。2006年开始，八家私人公司出现了，希望能在蓝天上同三位巨

 中国傲慢? L'arrogance chinoise

人分得一杯羹。竞争是残酷的。价格战丝毫不讲情面。这种竞争未必完全是正大光明的,甚至,新生力量在起飞阶段还不完备,它们几乎不赚钱,因为国家垄断的石油企业以优惠的价格将碳氢燃料卖给三家老客户;它们不能进入信息化的订票系统,因为那是三家国有公司专有的系统。在这些限制条件下,想要在蓝天上一争高低是很艰难的。作为中国的企业家,无论如何,在D体系之外,我们都会遇到"G体系"(G代表关系,在中国的经济运转中,主要是指与执政党、国家机器和各省政府里面有权力对话者的良好关系)。对天空的重新划分最终在国家之上开始慢慢描绘。不过当骚乱越来越严重,市场遭遇了第一波冲击后,国家就来救它的三个大女儿了,也就是三家国有公司,国家给了它们大笔资金上的资助。国家要求国有银行支持这些公司的财政。相反,对那些远房侄女,那些弱小的刚起步的私营公司,则没那么慷慨了。它们中的好几家,以总部在中部城市武汉的东星航空公司为例,都没能逃脱厄运——倒闭。而国家在这一领域,就像其他领域一样,最终找到了自己最初的影响力和地位。

就像很多大型的跨国公司一样,中国的私营企业主也感觉到危机是国家复仇的机会,这种感觉也被证实了。大型国有企业,由SASAC(国务院国有资产监督管理委员会)监管的企业联合集团,以及成千上万的由省市管辖的企业,都是政府用来应对经济衰退的武器。这些企业在国有竞争中占有有利位置,而政府也在其中重新恢复活力。而政府在此范围内肯定预留了几个私人的角色。但这通常是为了更好地保证控制。吉利是运行得比较好的一家私营汽车公司,却将自己最近的加速发展归功于公共帮助。吉利在2010年以15亿美元从福特公司手中买下了瑞典汽车品牌沃尔沃的股权,光靠它自己的能力是办不到的。它的好处还不止这些。它还得到了东北地区和上海市地方政府的支持和帮助。在收购完成后的三个月,吉利又宣布将把沃尔沃中国的总部设在上海,并在那里建设其中一个工厂。这算是一种回报。

"国家前进了,私营企业倒退了。"从此,这句话在地方企业主口中被反复念叨。国家的这次回归很难用统计数据来证明。国有和私营之间的界线从来没有如此含糊不清。大型国有企业几乎全部都受到重视,于是,私营企业也受重视了。前100家在上海或深圳证券交易所上市的中国企业中,有99家主要是国家控股的。至于那些大型的私营企业,通常都是部委、大城市或省里下属的。它们通过多种渠道和国家保持着联系。然而,据世界银行所说,中国自1979年经济起飞至今,国有大型企业的工业生产份额在2009年第一次上升。国有资产监督管理委员会完全同意这种说法,它表示由其监管的129家国有企业1998年的时候只占全国生产的0.3%,而2009年则达到了2.1%。仅仅在这才体现出大型国有集团的分量,还必须加上各省市及其他公共机构所有的企业,正式统计起来有超过10万家。随着危机的到来,国有企业在投资和房地产方面的影响力的推进越来

 中国傲慢？ L'arrogance chinoise

越明显，它们中的很多家企业享受着优惠的贷款，从没找到新的、更有利可图的发展领域。

尽管危机来临，为了遵循他们的轨迹，中国领导人在应对危机的时候求助于他们非常熟悉的老办法：那就是国家在各个领域变本加厉和不断出新的直接行动主义，投资优先，全方位的工业意志主义，再加上那么一点经济爱国主义——和其他国家一样！这就是倒退的开始。或者说是"对宏观经济政策的微调、微控制，就像西方人说的那样"，一位政府的经济学家在被问到这个话题时如是说。这主要表达的是一种伟大的实用主义论调——猫和老鼠，一直都是这样。在这段骚乱的时期，如同过去每次动荡时期一样，中国这架飞机最终保持了它的飞行速度，并没有任何一点经济过热的迹象。通货膨胀稍微有点加速，不过还在可控范围之内，公共债务也是。泡沫在这里或那里形成了。但人们并不觉得这些泡沫可怕。在世界飞行大军中，中国毫无疑问是最顺利地从这个阶段中脱身的飞机之一，或者说只有它顺利脱身了。中国领导人也不忘强调，正是由于他们的引导，整个世界才能躲过一场真正的经济衰退。中国增加了进口，出于需求支持原材料的流通，购买了世界上很多国家和机构的债券，其中有国际货币基金组织、希腊、葡萄牙的，尤其是美国的，中国领导人认为已经为应对全球性的危机作出了他们的贡献。这没错。对所有这一切，中国领导人相当骄傲。很难不理解他们！如果他们准备好一切要保持至少每年6%的增长，是因为他们认为这一增长

来自《世界报》前社长的「盛世危言」

是面对多种爆炸最有效的防爆手段，而这些爆炸都威胁着他们国家的稳定。

2. "汉族姐妹"，她不觉得这些爆炸会发生

安娜姐妹，难道你觉得什么都不会发生吗？在中国经济增长之后，我听到西方经济趋势分析专家如是说。中国会慢下来的：这是他们在2005、2006年时候无法回避的预言。那时候他们开始将目光转向汉民族的国家——这个民族的人口占这个国家总人口的比例超过了95%。危机对它没什么影响，因为危机在别处爆发。它勉强才能抑制中国的活力。于是，安娜姐妹，难道你真的觉得什么都不会发生？所有那些经验丰富的专家众口一词，很烦人，他们宣布中国接下来肯定会一落千丈。中国将要爆炸：这又是美国不断散布的陈词滥调，欧洲也一样。早在2001年，美国华裔律师章家敦①就写了一本名叫《中国即将崩溃》的书，肯定了中国已经临近垮台。十年过去了，人们一直在等着。结果世界各地都开始出问题，但中国却没爆炸。但这仍然没能堵住颇有身份的评论作家的嘴，他们继续鼓吹说中国的奇迹不久就将破灭。最近的两位鼓吹者是两位作家，霍

---

① 兰登书屋，2001年。

 中国傲慢？ L'arrogance chinoise

康和侯伟，他们为了迎合美国的口味，在 2010 年末的时候又合著了一本书——《红色资本主义：中国崛起的薄弱金融基础》①。在这些极富经验的观察家眼中，中国充其量只不过是一个泡沫——这取决于社会、环境、房地产或者金融等方面。而一个泡沫的命运就连小孩子都知道，那就是迟早会破。中国领导者再次有理由感到骄傲自豪。他们天天都证明自己是经济航母上的掌权者。对于经济上升带来的巨大不平衡，他们也把握得很好。在最近五年中，就如同过去 30 年一样，他们成功地避免了泡沫的破灭，避免了本不可避免的紧张局势的挑战，而紧张局势一旦形成，就会引发工业革命。

第一个有可能破裂的泡沫当然就是社会方面的。一辆闪亮红火的宝马驶入了四川一个小山村的主干道。中国从此成了宝马、保时捷、奔驰或者捷豹等品牌在世界上最大的市场，在这里，你可以看到最酷最贵的车型。高傲的贵妇驾着豪车，似乎是无意地经过一群行人。然而，这引起了一阵小骚动。人群开始骚动，向车的主人发出嘘声，车也被弄得凹凸变形……需要警察来恢复秩序。这样的社会百态新闻，每天都充斥着中国的媒体。这些折射出这个国家无处不在的紧张社会关系。中国是多项世界纪录的保持者，它同时也摘得了社会不平等世界纪录的"桂冠"。东部

---

① *Red Capitalism : The Fragile Financial Foundation of China's Extraordinary Rise*, Wiley, 2011.

第二部分　一切皆正确的巨龙
Le Dragon a tout bon

富裕地区和其他发展落后地区（中部、西部地区）之间的不平等，农村人口和城市人口之间的不平等。在跨国企业工作的人和地方私人企业打工者之间的不平等。还有大老板和外来小工薪者之间的不平等。据官方数据统计，城市家庭的收入是农村家庭收入的三倍多。而沿海地区的家庭收入是内陆的两倍多。上海的最低月工资水平是1120元（相当于150欧元），而在600公里以外的安徽省，这个数字是720元（相当于80欧元）。这些官方数据用来说明中国的不平等现实还太笼统。尽管如此，世界银行经常会针对这一问题进行复杂的调查工作，根据它的报告显示，中国是世界上最不平等的国家之一。根据发展银行工作组建立的综合数据（基尼系数）显示，未来几年中，收入差距仍会不断加大。

　　当前的工业革命正在催生大量的中产阶级，而且他们将成为社会的大多数。这就是一个多世纪以前在英国、法国或者美国到处发生的情景。目前在中国，中产阶级的人数差不多有3000万（四分之一的中国人），他们享受着接近欧洲中产阶级的生活水平。这些人口大多数生活在东部沿海特大城市的大型商业中心，现在也有生活在内陆的所谓二线城市。不过中产阶级在中国还是少数。两个极端——极度富裕和极端贫困——面对面的时候很可怕。根据瑞士信贷集团的一项研究显示，10%的最富裕的人要比10%的最贫困的人富裕二十六倍。一方面，上千位亿万富翁（根据胡润财富榜，这个数字是1363人）掌握

 中国傲慢？　L'arrogance chinoise

着超过1.5亿美元的财富；另一方面，1.5亿的人口每天仍然靠不足两美元生活——也就是说"在贫困线以下"，这是国际组织常用的表达方式。在这两个极端中间，还有2亿多的外来打工者（民工），这些农村人口离开家乡来到城市，生活极度不稳定，没有合法的地位，也缺乏社会保护。富裕者享受一切，享受所有的特权，尤其是在一个腐败成风、裙带关系稀松平常的体制里。另外那些人则成为疯狂的超级资本主义的受害者，他们带领全社会进步，但前进节奏很不一样。最穷的那些人在日常生活中承受着这种不平等带来的后果：举个例子，2008年有条负面新闻引起了轩然大波，牛奶中被加入三聚氰胺，以使之看起来更富含蛋白质，这种牛奶造成了多地新生婴儿的死亡，30多万孩子也因此住院。

　　底层的中国人工作条件也极端恶劣。根据政府自己公布的数据显示，中国每天都有187人因为工伤事故死亡。非法煤矿中的瓦斯爆炸，在建的30多层高楼的竹制脚手架在使用中坍塌，化工厂爆炸……这些每天都在发生的事故，是对工业生产中安全条件完全不考虑的结果，而现在竞争所带来的紧张和压力更让事故频发，比如工作原因造成的自杀率正在不断上升。处于工业大变革时期的国家就像一个社会大锅炉。实际上没有任何例外的。不管是工业革命还是其他。在农村，农民起义蠢蠢欲动；工厂里，罢工运动变成家常便饭；在中国，乞丐不知何时成为了城市的一道风景，各个阶级之间的冲突越来越屡见不鲜。面对这种

第二部分 一切皆正确的巨龙
Le Dragon a tout bon

动荡，中国的媒体也作了回应。中国领导人非常担心。

由于他们的路线，国家主席胡锦涛和总理温家宝在回应这些话题的时候比他们的前任更心痛。所以，即使西方的经济危机尚未降临，他们就已经明确地在经济战略中加大了社会的分量。他们倡导"和谐社会"，于是，在过去的几年中，加强了一些措施，来促进中西部农村的发展，改善最不幸的移民和工人的生活。减少农民的赋税，最优惠的价格，优先实现内陆省份的公共投资——公路和医院，受国际标准的启示，开始实施劳动法和社会保护，有利于外来打工者（民工）的内部护照（户口）改革的开端。在过去的五年中，发展的不平衡毫无疑问没有大量地得到解决。不过，沿海和内陆，城市和乡村，农业和工业之间已经开始重新平衡。传说中的社会爆炸无论如何也没有发生。

第二个威胁中国奇迹的泡沫，有可能在其全速飞行过程中爆炸的，是环境问题。这里又有一个现实背景。伴随着工业改革的发展，中国表现出对能源无法遏制的渴求，以及对原材料的极大胃口，尤其是农业。看到这一事实，西方就非常开心地作出了两个自相矛盾却又同样阴暗的论断。中国这架飞机要么因为燃料短缺而出现故障，要么由于飞行造成的污染而窒息身亡。

如果是第一种预言的情况，那么燃油耗尽。为了使机器运转起来，中国需要石油、天然气、铁矿石、铜或锌，当然还有小麦、玉米以及其他粮食。它的需求会越来越大。所有这些它所需的东西，国内都有一些。例如：中国是世

 中国傲慢? L'arrogance chinoise

界第四大石油生产国,大米产量也居世界第一。但总体来说,所有这些,它又不够多。所以,需要进口。难道它不是冒着可用燃料短缺而陷入匮乏,导致无法继续疯狂发展的危险吗?这成了某些专家的论题。他们总是在一个"帝国"的日常生活中寻找一些敏感的细枝末节,来支持自己的论断。故障总体来说很紧迫。看看吧,2010年秋天,在重庆这座从它原属的省份——四川里分离出来的特大城市,据地方媒体报道,一座火葬场因为没有柴油,几天之内都无法正常运转焚烧炉……十具尸体只能等着。真让人感到凄凉!在中部城市武汉,同一个时期,好几个晚上都因为停电而一直黑着。2010年冬天,在位于北京的环境保护部里,立起了一些提示板,推荐那些到四楼以下的人尽量不要乘坐电梯,而且强烈建议使用楼梯。通常,停电在中国更是司空见惯的事。

事实上,能源安全,石油、天然气、铁矿石、铜矿以及其他原材料的供应是十几年来一直困扰其领导人的一个问题。他们知道能源安全关系着国家的持续发展。国家一切工业上的,金融的,以及外交的手段都在为这项民族事业服务。这也是,不管猫是什么颜色,重点是能保证供应。在非洲和中东的公开投标,与伊朗、苏丹等邪恶国家结盟,参与到世界性的大型石油集团,还有在国内建造一系列的发电站、发电厂以及输油管道(现在几乎每一个月就有一座核电站建成!①),这些都是在此范围内的事。因为电路故障造成的不合时宜的停工,会议因为没电中途停止,住宅没有供暖:中国希望这一切将很快成为遥远的记忆。然而,这一切还在眼前。2000年的时候,中国的能源消耗量是美国的一半。从那以后,中国的能源消费增加了一倍多,在2009年的时候超过它强劲的对手。趁此机会,中国已经成为世界上最大的能源消费国——不过人均能耗仍然是那些发达国家的四分之一或五分之一。压力、瓶颈、困难和灾难共存:尽管如此,中国领导人在这段时期成功地保证了能源的供给,而这对其继续发展是不可或缺的。

要喂养超过十亿的人口,还要满足越来越苛刻的胃口,食品安全也困扰着中国。中国在80年代的时候成功达到了粮食的自给自足,90年代的时候甚至略有盈余,可以供给其他国家。但工业革命再一次重新洗牌。地越来越少,而粮食需求却越来越大。中国拥有世界上五分之一的人口,却只有10%左右的耕地。更可怕的是,这些耕地正在被城市和工业区慢慢吞噬,而它们只会不断扩张。克洛德·马丁是以前的法国驻华大使,他回忆起80年代末,雪铁龙公司在武汉的奠基仪式上,那些农民看着以前属于他们的土地只有流泪了。我们取走的是他们的土地!土地变少了,需求却越来越苛刻。米饭不够了,猪排骨也成了第一大需

---

① 此处很显然是作者个人的主观臆想,不符合中国的实际情况。——编辑注

 中国傲慢？ L'arrogance chinoise

求的产品，却不是牛排。食堂里菜单的变化自然是猪圈中谷物需求增加的反映。中国自己产粮。它的收成稳定增长。中国也可以进口，2010年它又重新开始从美国进口玉米。它毫不犹豫地采取更笨拙、更激进也更新颖的方式。几年来，中国政府支持一项政策，那就是取得更多的土地，在别国的土地上种植——在毛里塔尼亚、马达加斯加或者其他地方，让在那里的中国人来开发土地，来养活这个国家！于是，尽管停电还在反复发生，粮食也经常匮乏，尽管饮用水资源令人担忧，燃料耗尽的局面在过去的几年中因为小心翼翼而得以避免。另一个威胁，工业革命因为自身带来的污染而窒息，也被避免了。

　　一个油库的两根输油管道爆炸了，引起了蔚为壮观的火灾，中国最美的城市（自诩的），位于东北沿海的大连，整整三天都笼罩在浓密的令人作呕的酸烟中。那是2010年夏天——同时间发生了另一起灾难，石油泄漏造成墨西哥湾靠近美国一边的海面上到处漂浮着石油，该事件与大连输油管道爆炸事件毫无关联，但后果却要严重上百倍。有人会说这是一次无聊的重演，明显的是伪造的艺术。风沙，暴雨，洪水，被污染的水体……然而，自然灾害在中国比在其他地方都来得更为频繁。据官方数据显示，2010年一年之内，自然灾害的数量就翻了一倍。政府环境部门说，国内四分之一的可饮用水即使作为工业用水都太脏！已经不适合呼吸的空气，有害的水体，紊乱的气候，所有的一切都在质疑"帝国"的经济活力——强行向工业化迈进。

第二部分　一切皆正确的巨龙
Le Dragon a tout bon

2009年，中国已经成为全球第一大环境污染国——二氧化碳的排放量居世界第一。

　　2009年在哥本哈根、2010年在坎昆，在这两次关于应对气候变暖的国际大弥撒上，中国也出席了，却表现得相当傲慢，给人一副事不关己的样子。不是这样的。十几年来，因为知道自然的毁坏可能会影响到其自身的发展，中国人开始崇尚"绿色"——对其余的事还是奉行实用主义。如果他们拒绝其他国家向他们强加规范——标准、方法、减排的节奏，那他们就不太可能自觉地实践环境政策。从中国自21世纪前几年就实施的能源战略中，我们可以看出一二。中国既想少用能源，又想更好地利用自己的能源。改善能源的利用效率是它最大的斗争。所有的方法都是好的。"十一五"计划（2006—2010）预计减少国民生产能耗的20%。到了2010年，中国还迟迟没有完成这个目标，那些没有努力去完成规定目标的工厂被要求在年中的时候停产。"十二五"计划（2011—2015）必须更新目标，强制规定新的节能目标是在五年之内减少国内生产总值能耗强度的20%。同时，中国这几年一直在努力实现能源来源的多样化。煤炭仍然是电能的主要来源（占80%左右）。目标是既努力向"清洁煤炭"的方向推进，又减少部分使用量，同时从现在开始到2020年，使用15%左右的可再生能源（风力发电、太阳能发电、生物能源……）。尽管实行这些政策有点晚了，但无论如何中国都既逃脱了燃油耗尽的噩运，也没有窒息而亡。

 中国傲慢？ L'arrogance chinoise

"树不升天",西方证券业有这样一句谚语,说的是在证券或房地产市场,价格飞升,但迟早会停止上升,通常是以暴跌收场。说的不是我们的杨树,而是"银杏",这种原产于中国的树种,它的叶子像鸭掌一样,也不可能长成参天大树。这个比喻是用来说明让中国担心很久的另一个泡沫,那就是房地产泡沫及它的衍生物——金融泡沫。这种担心不是没有根据的。21世纪的前几年,确切地说是同一时期,这种担心就有了。人们在香港或伦敦听说金融体系要爆炸了。完全由国家控股的银行,因为一些无法偿还的贷款而面临倒闭。迫于中央政府的压力,它们曾经把大量的贷款贷给那些国有工业集团和一些企业头目,而他们迟早都会暴露出来根本不能如期偿还借债。然而,不管在工业还是房地产业,为了支持投机行为,他们投入了太多的建设。一场突如其来的危机不可避免地让所有这些借债者变得毫无偿还能力。他们将会使银行破产。信用卡"城堡"将会倒塌。人们在那个时期的银行资产负债表中发现了著名的"NPL",即不良贷款,这些贷款是不可能收回的。十年前,这些不良贷款的比例竟然占到了50%。那时候,城堡还没坍塌！

房地产市场行情暴涨,紧随其后的就是金融危机。于是,一时之间,价格暴跌,经理人破产,办公大楼和工业园区没人看管。办公楼和住宅最终被卖掉。尽管供给不是总能满足需求,但在中国的发展的现阶段,需求还是相当大的。国家给银行资金以帮助其脱离困境。后来银行甚至

来自《世界报》前社长的『盛世危言』

第二部分　一切皆正确的巨龙
Le Dragon a tout bon

进入证券市场——每次注入的资金都创下新的纪录。金融体系没有爆炸。房地产市场又重新开始了。同样的戏码今天终于又重演了，只不过演员稍有不同。房地产价格再一次攀升。2003—2008年之间，大城市的房产价格翻了一倍多，稍作徘徊之后，又继续呈上升趋势。这是因为房地产市场还很年轻：不过只有20年的历史。而它又是非典型性的：因为土地属于国家，不可以买卖，但是可以租赁——长期租赁。房地产也是一种少有的投资机会，它可能会给中国的储户带来定期收入和特殊的剩余价值——主要是大陆的居民，当然也有香港、台湾乃至新加坡的中国人，以及一些外国投资者。这次，由于复兴计划的出台，国有集团和地方政府（主要是借助那些专门用来为此服务的企业），因为银行慷慨地给予贷款而富得像克洛伊斯，成为了这个市场活跃的角色。

太多的办公楼，太多的工厂，太多的宾馆……渐渐地，房地产市场和工业中的"超生产能力"出现了。工业园区部分工程或房屋的每单位平方米的价格达到顶峰后就开始下跌。在泡沫和危机之后，这种加速的更替，周期越来越短，没有暂缓的时候。错误是从中看到了对经济增长的威胁。19世纪末发生在美国的工业革命，尽管跌宕起伏，其实也一直都是一场供与求之间的赛跑。当供给占了先机，就会出现"超生产能力"。这与成熟经济中有时候暴露出来的不平衡无关。建了太多的房子，没有人来买，价格就降下来了。这种超生产能力纯粹是错觉，这只是暂时的，尤

 中国傲慢？　L'arrogance chinoise

其是在中国这样一个对住房需求极大的国家。只要等到所有这些有买房需求的家庭达到中产的水平。随着经济的发展，这些家庭最终会成功地买房。于是，需求重新又占了主导——价格飙升。这就是泡沫。只要这些循环还在可控范围内，就不会有任何异常，也没有任何威胁。在中国，国家控制着货币的流通，因此，到目前为止，这些循环还是可控的，也可以避免金融爆炸。21世纪的最初几年，国家因为拥有强大的储备，所以单独来填补金融体系的漏洞，这次，私人股东也承担起来，稍微地掏了点自己的腰包，他们在进入证券市场的时候，曾经将希望寄托在国有银行的资本上。中国的行政当局很聪明，他们最终设法让私人资本来资助一部分复兴计划。并不是只有中国政府这样。其他国家，比如美国、英国还有法国，最后也都想出一些并不新鲜的借口。

　　本田、现代、肯德基和丰田在中国的工厂都发生罢工；某些城市的出租车司机也罢运。大连输油管道的爆炸，中国大城市的污染日益严重和密集。大量的贷款涌现，没有人知道将如何偿还；以及过度负债的省份和城市。房地产和证券市场价格飞升……21世纪的最初几年，在中国经济社会进程中，世界末日的警报还能继续找到紧急灾难的迹象。泡沫将要爆炸，经济的长势将要骤跌。到目前为止，中国政府还在回顾自己过去的业绩和表现。因为那实际上对其有利。一个大国这一次又要怎么做呢。有点傲慢的中国，要怎么来回应这些顽固预言家的预言呢。

第二部分　一切皆正确的巨龙
Le Dragon a tout bon

3. 两次成功收购和一个中断的并购

近几年，中国的经济发展又被另一种威胁所笼罩，即边界的地缘政治不稳定，主要有三个重点：香港、台湾和西藏。不过这一威胁又一次被巧妙地摆脱了。一个是前英国殖民地，一个是民主典型，一个是民族区域自治区，它们之间本来就没有任何共同点。但它们之间还是有一点相同的：这些"省"即使发生一点点小事故都有可能严重影响整个中国前进的长征。为了防患于未然，中国政府推出了三个大型的投标项目，每次都用经济手段来平息政治上的各执己见。其中两项已经成功了。

让我们勇敢地逃跑吧！20纪90年代初，作为香港享有盛名的私人银行——汇丰银行决定将总部迁到伦敦。那简直是平地起惊雷啊，因为这意味着这个曾经经济发展盛况空前的小岛终结的开始。这家大银行是19世纪末在这个英国殖民地成立的（从它的名字就可以看出其发展轨迹，HSBC代表香港上海银行）。它也是在那里发家的。它在香港的政治和社会中扮演着关键的角色。它似乎象征着一个美好的未来。可惜不是啊！汇丰收拾行装准备走了。官方的借口早在1993年就放出风来：随着时间的推进，汇丰已经拥有一个如此大的国际性规模了（那时它已经成为世界上

 中国傲慢？　L'arrogance chinoise

实力最强的几家银行之一），而不得不尽快找到一个更重要的金融市场。而真正的原因肯定是另外一回事。因为很多的英国人，包括撒切尔夫人自己，以及汇丰的管理层都十分担心香港的未来。中英之间关于收回香港的谈判十分紧张。社会主义的中国（13亿人口）将要吞掉这个小岛（700万人口），并且要使之正常化、中国化，很快成为官僚主义的中国其他城市中的一座。从长远来看，香港自由市场的小天堂将要成为过去，引用很喜欢香港岛的美国超自由主义经济学家米尔顿·弗里德曼的话，就是"最大限度真正的听之任之"这一令人兴奋的经历也将成为过去。

　　2009年1月，世界银行业的舞台上，戏剧性的一幕又发生了：还是这个汇丰银行，它的首席执行官迈克尔·盖根在伦敦总部宣布将定居香港，他是银行那个时期真正的老板。回到最初的陋室吗？这虽然还没实现，但至少是标志性的第一步。第一步后面还可以有其他，说不定会将总部迁回香港。2010年底，银行管理层认为无论如何也没有威胁了。在英国，他们需要支付新的"银行税"，那是一种次贷危机后对银行的处罚措施。将来，为了防止投机，他们还要限定交易员的奖金。汇丰集团每三年都要重新考虑总部的位置。下一次，应该是2011年。从2010年开始，作为欧洲银行中的巨人，新的管理团队也公开了自己的精神状态。欧洲对银行业新的规定让它气馁，汇丰可能重新考虑香港，因为这里最终比英国更利于商业。这也是世界银行年度调查"2011年经商调查"的结论之一。在这家机构

第二部分　一切皆正确的巨龙
Le Dragon a tout bon

每年公布的关于经商难易度的排行榜上，香港，在回归社会主义中国15年之后，仍然名列前茅——仅仅排在新加坡后面，远远超过了英国、法国和中国大陆。

银行管理层最初在1993年的担心，也是撒切尔夫人的担忧，被极好地证明是毫无事实根据的。香港并没有成为预言中的地狱。自1997年7月1日以来，香港已经很好地成为中华人民共和国的一部分。有例为证，2008年北京奥运会期间，在香港也有马术比赛，香港和澳门一样，成为了中国两个"特别行政区"之一。它并没有被标准化。它变得更富裕、更自由，也更开放，同时也保留了很大一部分自己的独特性。"一个国家，两种制度"：中国政府将香港收回，并遵守事先承诺的原则——就是以香港的最大利益为先。不管是在九龙的大街小巷，还是市中心的电影院，汇丰的新任CEO欧智华仍然如在家乡般自在。在香港，和15年前一样，道路和方向的指示还是用粤语和英语。而电影院的电影字幕也一直是英文的。

自从最后一任港督彭定康离开了其位于市中心的超级住宅，香港当然有了一些改变。汉语说得更多了——内地的汉语。从此以后，由中央政府来任命行政长官——目前是曾荫权，以前是一位红色商人。他在2008年还宣布，"半自治"的香港特区将在2011年第一次加入人民共和国的五年计划。香港和内地的经济联系明显地紧密起来。那些红筹股，内地的国有企业，都纷纷来到香港建立商业和金融代表处，即使没有建的，也在那里开展了工业活动。它们

 中国傲慢？　L'arrogance chinoise

的到来，带来了一大批的合作者。15年之内，超过50万的内地居民定居香港。而香港的港口也承担了祖国母亲一半的航运。

不过香港也保留着自己的"制度"，大大不同于在内地具有优势的另一种制度。特别行政区一直享有自己合法的组织，自己的货币（与美元挂钩的港币），独立的司法权以及出版自由。香港还打算实行以普选方式进行的选举。中央政府也承诺保持"经济体制和生活方式50年不变"。不管怎样，15年过去了，承诺做到了。香港还是一个富足的城市：其人均国内生产总值比法国高出一截。和上海比起来，也至少是它的五倍。香港也是世界上税收压力最小的地方之一，远远低于欧洲标准，甚至比美国的还低。香港自从回归以来，从世界上最有活力的经济后盾中获益良多，转而发展服务业。"这15年来，乘着内地的双体小帆船冲浪比起英国的小破船好多了。"在投资推广署人们自愿地这么说。这是用另一种说法来解释香港在恰当的时机改变了马力。实际上1998年的时候，因为有大陆，它才能迅速地走出亚洲金融危机。2003年，也是中央政府帮助香港克服SARS（严重急性呼吸道综合症）带来的一些后果。最终也还是中央政府，使香港在2007—2010年的世界经济大倒退中避免太过萧条。

回归之后香港仍然是一个开放的城市，只是有一点调整。比起英国殖民时期，国家的干预多了一点点。国家从此实行一种专断的工业政策——有战略意义的六个领域已

第二部分 一切皆正确的巨龙
Le Dragon a tout bon

经划定——一部反垄断法，公共服务，基础设施……负责机场的公司过去必须私营化。而现在这些公司已经不需要市场营销。国家还是紧紧地和企业连在一起，比如拥有米奇和它朋友的香港迪士尼公司，国家就占有一定资本份额。特区政府每天也都在进一步加强社会调整。这座超自由又历史悠久的城市发生了小小的变革，但出现了比较大的伤口：2010年末，国家第一次在这里引进了每小时最低工资标准。不过仍然比较微薄（3.55美元每小时，差不多刚刚2.5欧元），但这是一个很有力的象征。这还不止。还需要规定最长工作时限，企业里有必要建立集体谈判制度，还有其他机构。然而，这一切主要都是前殖民者英国王室的创举。目前来说，香港的地位还没受到质疑，一直都在世界上最自由的经济体中居于前列。

在超级调控的海洋中保留一个不调控的小岛，这一前景并没有让中国政府不喜欢。相反，这甚至是它今天的目标之一。因为社会主义的中国把香港作为真实的金融实验室，也是货币研究和发展的中心。

"布谷——"，谁在敲门？2010年，美丽的5月，法国"欧舒丹"集团进入了证券市场。它需要钱来发展。然后，马诺斯克人选择了香港！而不是巴黎、伦敦或纽约，这些地方都离普罗旺斯的市场更近，而欧舒丹公司就是在那里发家的。如果说这家法国的成功企业远离了它的薰衣草田、蟋蟀和油橄榄园，而选择一座中国城市来上市，有可能是因为香港，从名字上来说，是"香水之港"，很自然地让人

 中国傲慢？　L'arrogance chinoise

联想到好的香皂和香水！更严肃地说，也有可能是因为公司的领导层希望更靠近他们新的市场（目前全球已有1500家商场），尤其是中国大陆，他们打算在那里开设大量的商店。如果说他们没有选择上海或者深圳这两家互为竞争对手的内地交易所，也是因为更倾向于一个他们熟悉的范畴，因为这里的市场规则更接近于西方世界。

　　这就是中国领导人的聪明之处。他们明白，有了香港，就等于继承了一个强大的金融地位，可以用来为他们的国家服务，只要不从根本上质疑它的自由权。普罗旺斯的"欧舒丹"之后，还有意大利的奢侈品牌"普拉达"，美国的保险公司AIG（美国国际集团）的亚洲分公司AIA，其他的外国公司都有意来香港上市。2009和2010年两年，在上市方面，香港都摘得世界金牌——超过纽约、伦敦和上海。目前在全球金融市场中排名第三，它还可以上升。中国政府打算把香港当做它世界货币的发射基地，考虑作为人民币自由化的出发中心。中国金融的左膀右臂，SAFE（国家外汇管理局，负责管理国家外汇储备的机构）和CIC（中国投资有限公司，中国最至上的资本）也从此在那里设立了分支机构。一年多以来直到现在，中央政府会定期在那里尝试新的创举。在香港的国内外商业银行被授权来管理各种规模的国有账户，国内银行的票据。西方的公司在那里可以通过直接发行人民币债券来找到钱。2010年8月，美国快餐业巨头——麦当劳率先入座，摆好了盘子。很快它应该就能发行人民币股票了。

第二部分　一切皆正确的巨龙
Le Dragon a tout bon

不吵不闹，也没有过分担忧，社会主义的中国接收了香港，澳门——作为前葡萄牙殖民地，也紧随步伐。不战而屈人之兵：这是中国古代著名战略家孙子的建议，在处理与前英国殖民地香港及反叛的台湾岛的关系时，中国也采用了这一策略，并获得了成功。五或十年前，最杰出的专家预言的情况比现在要糟糕，说战争一触即发。中国的导弹发射装置，对准了民族主义小岛的方向，又开始定期演习。美国决定捍卫"台湾"的独立，于是也提高了嗓门，定期派出它的航空母舰。2010年盛夏，北京和台北实际上悄悄签订了商业协议。生意，还是照常！然而，就像菲利普·艾斯德甘在《回声报》的经济杂志《问题》（*Enjeux*）2010年10月刊上强调的一样，这是一项"历史性的协议"。这等于真正认可了社会主义的中国大陆（13亿人口）对民族主义的小岛台湾（2600万人口）的收购成功。当然，台湾目前仍实行民主政体，是一个独立的主权地区。这对北京来说，只是暂时的让步。中国会继续向台湾岛收回主权。而且每次都高声宣布，美国对台武器销售必须废除。然而，主要的不在这里，主要的是台湾和大陆的经济融合因为有了这个协议而加速前进。

这一协议当然也是台湾地区领导人马英九本人自2008年开始的缓和政策的合理结果。2008和2009年两年，台湾深受美国金融危机之害，经济急剧倒退。为什么一边有一个国家经济飞速发展，人民说差不多同样的语言，甚至在那里还有亲人，却要去依靠一个本身就处于危机中的经济

 中国傲慢？　L'arrogance chinoise

体呢？协议最终规定再次降低两岸之间的关税壁垒，大陆向台湾投资者开放新的市场（银行、保险、卫生检疫等），以及向台湾的农民分发一些丰富的礼物，他们是"台湾独立"最狂热的拥护者。十年前，两岸之间没有任何直接联系，不管是海上还是空中。从此后，有了大量的选择。现在每天都有十几班航班往来于台北和大陆的城市之间。台湾上千位企业家也开始把生产迁移到大陆来。以前两岸的商业和金融联系还是比较微小的。今天，几乎是相依相存了。每年，台湾小岛（2600万人口）卖给中国大陆（13亿人口）的比卖给美国（3亿人口）和德国（8000万人口）的都多。"台湾"现在成为了继日本和韩国之后的第三大供应商。它也是首要的投资者之一。大陆的国企在搜索资本的时候，相比于香港或新加坡的资本，他们更偏向台湾的资金。2010年夏天，内地最大的船舶工厂，扬子江船业（控股）有限公司宣布有意在台北证券交易所上市，而不是上海、香港或新加坡，但谁也没有真正感到意外。

　　在私营生意方便，内地年轻的企业家都以台湾兄弟为榜样，他们都是些拥有无限雄心又务实的企业巨头。目前他们中的佼佼者是富士康的老板，已经成为中国最大的工业雇主。他手下的员工有将近一百万，他们的工作是组装iPad的图像板、智能手机和其他电子产品。这位企业家重新掌握贸易的方向盘，然而，因为太影响个人生活，他本打算退休后过悠然自得的幸福生活，来获得他们的钦佩。员工游行、自杀，虐待事件使他成为众矢之的，这些让他重整旗鼓，他承诺在五年之内，他的集团将解决国内150万人的就业问题，占到了一半多。

对香港和台湾来说，"收购"成功的秘密武器应该是"帝国"的经济活力。在这种情况下，其他情况也一样，对活力是很难抵挡的。如果让它们在美国和中国之间做选择，那么香港，不管是它的交易所还是商业中心都肯定不会让他们犹豫一秒钟。对于大型国企，或者台湾的投资者及研究人员来说，道理是一样的。他们没有一个会作出其他选择。中国在政治阵线上作了一些必要的让步。香港还是民主政体，台湾也还是独立的地区。作为报答，香港和台湾也越来越融入中国大陆的经济，并且各有分工，前者给大陆带来其专业的金融知识，后者奉献的是工业方面的诀窍。

剩下的还有西藏。它比另外两个还要小（人口数为290万，其中95%是藏族），拥有丰富的宝贵自然资源（石油、铜矿、铬矿、锂矿，等等），却成了中央政府的一个难题。因为前两次"收购"的成功，中国领导人在处理西藏问题的时候，也采用了同样的战略。他们的目标是：向西藏人民示范，让他们表现出也想融入中国经济的兴趣。几年以来，为了解决西藏地区的交通闭塞问题，促进地区经济发展，中央政府在那里进行了数量相当可观的投资。拉萨和北京之间的铁路线总长为4500公里，是2006年的时候中国国家主席胡锦涛亲自启动的，中央政府给西藏地方政府以大力扶持，对于去那里投资的企业和愿意去定居的中国人（主要是汉族）也进行帮助，这一切的目的都是上面所说的

 中国傲慢？　L'arrogance chinoise

促进西藏的发展。这也是为农村居民建造大批住房的目的。2008 年西藏发生暴力事件后，中央政府寄希望于地区的发展与安全，希望能平定这个信奉佛教的地区。从此以后，西藏的经济增长比中国的其他地方都要有力。然而，西藏目前来说，是中央政府一次失败的"收购"。中国领导人并没有灰心。他们自认为已经在另两个更艰难的行动上成功了。在香港和台湾，他们处于外国的监视之下——前者有英国的监视，后者有美国在监视。而西藏，他们是在自己家，尽管国际舆论对西藏人有很强烈的支持和同情，世界上没有一个国家可以对中国出现在西藏发表异议。他们还觉得在这件事上，他们拥有自己公共舆论坚定的支持，在这种情况下，汉族人民给予了支持。

4. 进军"3A"
（亚洲 Asie、非洲 Afrique、拉丁美洲 Aérique latine）

从很早的时候开始，每个国家都按自己的方式去画地球平面球形图，地球经济平面球形图也是如此。每个人都有自己的棱柱。欧洲人把欧洲放在世界的中心，中国人……中国——"中央帝国"，就像它的名字一样。今天，如果受人鼓动，中国就可能会画出一个让我们这些地区不太高兴的经济地理轮廓图。肥胖慵懒的美国、

第二部分　一切皆正确的巨龙
Le Dragon a tout bon

衰老分裂的欧洲、萧条疲惫的日本，这三个世界最发达的地区得了同一种病，那就是过度负债，不管是公共的还是私人的。因此不管怎样，从中国我们才能看到21世纪初的整个世界。自从次贷危机发生以来，中国的出版社就出版了大量的关于假设西方要衰败的刊物。未来不再依靠那些大型工业化国家。中国领导人从长期视野来思考，对未来有坚定的信念。这种信念有时候在他们的谈话中隐约显现出来，尤其表现在他们团队的分析中。大衰退（2007—2010）使他们的这种想法得到巩固。从那以后，他们得出结论，近几年，他们极大地调整了方向，转向发展中国家，尤其是其他那些新兴国家。中国政府认为再跟那些没落的国家周旋下去是没用的，只是白费力气，应该努力优先发展和那些上升中的国家的关系。

一方面，中国继续保持着和发达国家紧密的经济关系——欧洲是它最大的市场，美国是其外汇储备最大的出路，等等。另一方面，近几年来它也开始密切和世界其他国家的关系——主要是亚洲其他国家、非洲和拉丁美洲。最初，在20世纪90年代末的时候，保持和这些地区的联系主要是为了保证能源和原材料供应的安全。随着21世纪的到来，发达国家世界里发生了大衰退和大萧条，中国的野心也开始升级：在新德里（印度）、约翰内斯堡（南非）、圣保罗（巴西），中国都和这些新兴经济体交朋友，并提出了"双赢"协定。中国利用自己本身的活力，帮助这些国家实现经济起飞，当然，作为回报，中国也会从中获利。

 中国傲慢？　L'arrogance chinoise

将政策中心转移到发展中国家来的战略实施后，五年中实现的进步是相当可观的。中国已经成为沙特阿拉伯最大的石油购买商、尼日利亚第一大商业合作伙伴、委内瑞拉和阿根廷最大的客户，以及巴西最大的外国投资商。但也有例外：它与那些最近的邻国、边境国家的关系在2010年却遭到破坏，中国在它们面前表现出一种领土上的傲慢，不过是在它所预计的可控范围内。中国最终成功完成了两个大的"收购"项目（非洲和拉丁美洲），2010年，第三个却有可能失败，就是它十几年前就开始的第三个A，也就是亚洲（Asie）的那些邻国。

中国对非洲的进驻在上文提及的塞尔日·米歇尔和伯雷·米歇尔所著的《中国的非洲》①一书中有很好的描述，贝哲民又在他最近出版的《新丝绸之路》②里描述了中国以一种令人信服的方式进驻近东、中亚和东南亚的过程。在任何一种被提及的情况中，有一点是不变的：中国懂得使用一种厉害的武器，它的新的合作者们每个都以自己的方式这样描述："中国足够贫穷所以能够理解我们，它又足够富裕而能帮助我们。"其次是中国在经济活力上大有希望，他们也想具有这种活力。就像伊恩·布雷默③评价的那样，

---

① Michel, Serge et Beuret, Michel, *La Chinafrique. Périn à la conquête du continent noir*, Grasset, 2008.

② Simpfendorfer, Ben, *The New Silk Road: How a Rising Arab World is Turning Away form the West and Rediscovering China*, Palgrave MacMillan, 2009.

③ Bremmer, Ian, *The End of the Free Market. Who Wins the War between States and Corporations*, Portfolio, 2010.

第一部分　一切皆正确的巨龙
Le Dragon a tout bon

中国向他们建议"一种可以让他们减少依赖的战略，而他们所依赖的世界从长远来看，经济前景一点也不有利"，这种战略还可以让他们与一个强大的火车头建立联系。这个火车头可以向他们开放市场，还不仅仅是这样。就像贝哲民指出的，"中国有些企业想投资，还有他们需要的产品，以及丰富廉价的投资。"供应是全方位的，中国尤其在这方面具有吸引力。十几年来，中国已经成为对经济发展提供公共援助最多的国家之一——她对越来越多的国家的捐赠已经达到了每年 350 亿—500 亿美元这个数量级。中国的这种接近有别于以前列强的殖民。它的援助项目主要在于大型基础设施的建设，实现起来通常比较快，比起传统的供应商来价格也更便宜。中国在非洲或拉丁美洲并不投资那些"白象"工程，这些规模巨大的"大教堂"很贵却没用，西方人在这方面很在行，中国人投资公路、港口和铁路，这些都有利于所在国的发展。

中国国家主席胡锦涛和卢拉之间的感情非常深厚。卢拉是一位在巴西非常得民心的总统，他已经卸任了，他的任期在 2010 年到期；胡锦涛也将卸任，他的任期是到 2013 年。高层之间的权力过渡，应该对两国之间的经济联系没有丝毫影响。在胡锦涛和卢拉的共同推动下，两国的经济往来急剧增长。活力已经被激发出来，它还应该继续下去。这是一种全方位的关系，合作双方都从中获利——一方的经济增长带动另一方。这可能也是中国面向新兴国家，战略性调整方向一个最近也最壮观的例子。

中国傲慢？ L'arrogance chinoise

中国饿了。她需要农产品来喂养它的国民。巴西戈亚斯州的农民正好有农产品，只要再卖给中国就可以了。中国缺少铁矿。巴西最大的铁矿石公司——淡水河谷公司，在这方面也是世界上的佼佼者，随时准备好把铁矿石卖给中国，它们只需要几艘大型货轮来保证运输。中国的大型造船厂，也是世界第一大的船舶公司，都准备把船卖给淡水河谷公司，但是他们没钱。一家中国的银行，"世界最大的银行"，中国工商银行提出先借给它必要的资金，以极低的价格卖给它。中国也想把自己的高速列车卖给巴西，巴西正在发展自己的铁路网。棒极了！中国的高速列车可能没有法国或德国的好看安全。但重要的是，中国的更便宜。巴西没有那么多的钱造铁路。但这不会持续太久，中国会直接投资基础设施，并出资购买列车。因为具有互补性，中国在几年之内成为巴西最大的商业合作伙伴，也是最大的境外投资者——就像它在其他许多新兴国家的地位一样。

中国，是新殖民主义势力吗？她对这种控诉无动于衷。如果这种攻击再强烈点，那么中国也做好了辩解的准备。人们争辩道，中国和她新朋友之间的交易是平等的，这不同于以前列强和其殖民地之间的关系。这就是著名的在新兴国家到处推行的"双赢"政策。交易是互相的，必须有助于这些新兴强国的经济起飞。中国维持这些国家原材料的价格，购买其制成品，资助它们某些项目，已经成为一些大型发展机构最大的资助方之一，让它们在很多大国衰退的步伐中得以幸免于难。中国不想在经济上不择手段地

来自《世界报》前社长的『盛世危言』

利用她的新朋友；也不会向它们强加任何一种政治或经济模式。在这方面，中国以"中立"的态度来为自己辩解。如果中国的成功给它们留下深刻的印象，使之感兴趣，如果某些国家想借鉴中国的方法，中国表示不去关心。中国拒绝任何形式的对合作国的社会政治生活的干涉，即使是那些关系亲密的国家。这种念头也许很纯洁。孔子学院肩负着更广泛地传播中国文化的重任，其数量在这些"友好国家"越来越多。中国外交在那些国家也日益活跃，尤其是和那些大型地区组织。

如果说魅力攻势在非洲和拉丁美洲取得了斐然成绩，那么，在亚洲则复杂得多——亚洲是它"收购A"计划中的第三个目标。一直以来，中国和14个亚洲邻国的关系真的不是很好；主要是和领土争端有关。2000年以来，她试图努力缓和这种紧张气氛。因为担心不能保证能源供应的安全性，她开始减少从其中的每一个国家进口能源。为了平定这个地区，她开始证明自己全方位的行动主义，中国成为了可变地区协议的捍卫者。人们用"面条"来形容这个地区国家间大量的联系：其中涉及商业协议（自由贸易）、货币契约或者地区大型基础设施建设项目（输油管道、港口、铁路，等等）。中国接受了某些领土上的让步，在援助方面表现得很慷慨。不过这一切都将有个期限。

由于取得的经济成就而变得飘飘然，同时人民军队和海军实力也有所上升，2010年的时候，中国就冒险中断了之前小心巧妙地开始营造的局面。在21世纪最初的几年间，

 中国傲慢？　L'arrogance chinoise

重新引用日本媒体的话来说，就是中国证明了自己"十分巧妙"。而整个2010年，它开始表现出一种领土上的狂妄自大，这让大部分邻国都吃了一惊。在所有的边境，冲突都变得更剧烈。中国当时正在笼络韩国这朵即将凋谢的花朵。因为拒绝谴责朝鲜分别于2010年春天和秋天对韩国的射击，中国只能眼睁睁地看着已经到手的"猎物"又毫不犹豫地离她而去。日本的新政权对中国比较友好，准备重新考虑和中国的关系，希望把中国当做其战略联盟除美国以外的第二个支柱；2010年9月以来，在尖阁群岛（日语中的名字），也就是钓鱼岛（中文中的名字）周围激烈的交战，又把日本送回了美国的怀抱。2010年，中国反复强调要求收回南沙群岛，这激化了她与越南、马来西亚、印度尼西亚和菲律宾的关系。中国最终动用了在亚洲发展银行里的影响力，给印度打算在靠近中印边界地区发展的几个工业项目设置了重重障碍。这大大损害了印度的利益。

　　总而言之，中国快速地增加与所有邻国的经济金融往来，并且直到2010年还在继续的话，然而却在这一年中减弱了自身的政治活跃程度，而本来它可以在这个地区奠定领导地位。所有那些本可以成为中国朋友的国家都感到一种初生的挑衅性的威胁。2010年7月，东南亚国家联盟（l'Asean）在越南河内召开年会，这些国家都纷纷借此机会抱怨中国这种新的态度，有几次甚至是非常激烈的。他们不再相信什么"和平崛起"。事实上，这些国家重新开始防御，并且再一次毫不掩饰地奔向美国，以寻得庇护。在面对一只恶狼的时候，他们一致地寻求恶毒的胆小鬼美国的帮助，而美国大概从来没有想到会有这么好的机会。"难道你们忘了你们的繁荣还指望我们呢？"时任的中国外交部部长冷冰冰地回应他们。他们肯定没有忘记，只是这些国家更指望美国给他们安全。中国的傲慢最终在这个地区造成了这样的效果：其经济活力和"微笑战略"本来可以奠定在该地区的领导地位，然而却造成了全体关系的僵化，并且让原本灰溜溜走掉的美国又重整旗鼓。

5. 巨龙逐金

无论如何，巨龙前进的步伐从未停止。世界经济大萧条、内部压力的加重、边界的挑战：这些都不能改变前进。巨龙继续长胖，继续发展，也变得更强壮。直到它已不能在镜子中看到自己，换言之，就是世界第一。世界第一，中国在经济方面还没做到——美国仍然是第一经济强国。但今天中国已经不掩饰其成为世界第一经济体的野心，事实上是重新成为。徐波是上海世博会国际联络和参赞事务部的助理总代表，他用出色的法语（他曾于90年代就职于中国驻法使馆）向前来访问的记者主动推荐一本出版于1910年，具有先见之明的小书。书名叫做《崭新的中国》。作者是一位上海的年轻医生，他预言："一百年以后，中国

 中国傲慢？　L'arrogance chinoise

可能重新找到它在世界上的地位，那就是第一。"他说的时间稍微有点提前，不过也没提前多少。在此过程中，中国积攒了很多枚金牌——在各种各样的领域。

众所周知，中国人喜爱大的数字——他们的数量恰好就很大，这让他们具有力量。然而，今天他们更喜欢的数字是最小的那个，就是数字"1"，比如"第一"的"一"。China Daily（《中国日报》）是中国官方面向外国人发行的英文日报，要是经常阅读这份报纸，肯定能让人在这方面大开眼界。那已经不是《中国日报》，而是《中国第一》。没有一天，没有一个版面不出现中国又是第一，是领先者，是最强的，是第一名的新闻。复仇的渴望与一种无与伦比的竞争精神紧密地结合在一起。2008年夏天的北京奥运会作出了表率。中国获得了51枚金牌，远远超过只拿了36枚的美国。中国的大米、苹果、钢铁、混凝土、自行车、电脑、电视机、风力发动机的产量是世界第一，水电安装能力、网民的数量、外汇储备总量、汽车市场的规模是世界第一，中国还拥有全球最高的大楼、数量最多的IPO（首次公开发行股票）、世界上最富裕的女商人（再生纸产业的巨头，玖龙纸业的创始人）……即使是《吉尼斯世界纪录大全》也列不下中国最近几个月取得的金牌。当然，这些介绍中，有时候也有点浮夸的成分，甚至是自我膨胀。中国的崛起，尤其是科技方面的进步，还没有完全成为现实。

任何一个项目的任何一位冠军都逃脱不了注射兴奋剂的怀疑。如果他赢了，那是因为他服用了什么违禁物质，

来自《世界报》前社长的『盛世危言』

第二部分　一切皆正确的巨龙
Le Dragon a tout bon

人们马上会这么想。中国也不能例外。有些金牌的获得可能证实了某些赛后的分析。举个例子：《中国日报》用很长的标题来描述上海——"有史以来最伟大的世界博览会"；这份官方日报还喜欢重复那些把中国企业列入"全球最强企业"的世界排名；它对艺术品市场也越来越感兴趣——任何市场都不能逃脱它的控制，即使是艺术品市场！——这个市场里，古往今来的中国艺术家们正在"打破所有世界纪录"。

《中国日报》的热情需要一点克制。上海世博会？结果是精彩的，那倒不假。目标都达到了，甚至超过。最终，有198个国家来参展，从来没有这么多过。参观总人次也有7300万之多，又打破了一个纪录。上一个纪录的保持者是1970年（那是40年前了啊！）的大阪（日本），也仅仅是640万参观者。为了突破计数器，中国毫不吝啬。它并没有在数字上做手脚，但是通过多种途径来刺激经常去参观的游客。当然在全国都做了大量的广告——谁不知道这么做？——但还规定某些国有企业和国家机关的员工必须去参观景点，强制地方旅行社承担一定的参观名额，并给上海所有城乡居民发了2000万张免费票。为了打破一个日本的纪录……在中国，所有方法都是好方法。

民族自豪感的其他来源，经常被地方媒体报道的，就是中国的一些公司成了世界上最大的企业。这并不是一些偏心的裁判说的，是人们认为可信的西方会计师及国际知名财经杂志评判的。在世界最大的十家企业中——按照其

 中国傲慢？　L'arrogance chinoise

市值来比较——有四家是中国企业。第一名是中国石油，名单上紧随其后的是中国工商银行（ICBC）、电信运营商中国移动，以及另一家银行，中国建设银行。具体到银行业上来说，中国的绝对控制地位更加明显：世界五大银行中有四家都是中国的。中国工商银行当仁不让，成为"世界上最大的银行"。确实如此，它拥有16000家分行、2.3亿客户以及庞大的资本总额，它分量很重——世界上没有一家银行能达到类似的规模。中国工商银行和它的本地同行一样，从此实现了相当可观的利润。官方公布的中国工商银行2010年一年的利润差不多高出花旗集团两倍，后者是美国的大型银行集团。如果说所有这些排名都是为了恭维中国的话，那它们也就没有那么恰当的含义了。

　　首先，中国的银行实际上都只在国内工作，而其实国内是一个卖方市场的环境，市场也最不透明。竞争都是虚构的。它们的收益，虽然此刻很大，但既不和生产能力相关，也跟工作效率无关，而主要是国家行政决策的结果。它们各项活动的所有条件实际都由国家来规定：储蓄利率和贷款利率。如果说它们赚了很多钱，那是因为国家授权给它们的贷款利率很高。国家仍然是其最主要的股东之一。中国工商银行最大的两个持有者，分别是直接持有的中国政府（35%的资本）和通过中投公司间接持有的（又是35%）。国家的大量持股可以限制流动债务，就像专家说的那样，也就是说用于市场交易的那部分证券。因为供应很少，所以股票变得很珍贵，又刺激了需求。这一切最后导

第二部分　一切皆正确的巨龙
Le Dragon a tout bon

致中国企业市值的人工膨胀。在中国，没有人为此担心。情况恰恰相反。这对中国的企业来说是种好处，它们被引导和外国同行作比较，甚至有可能获得更有利的条件。

很自然的，艺术市场也存在人工操作。突然一下子，世界上最贵的古画在一次拍卖会上产生了，那必然是中国的——一幅吴彬（16 世纪书画家）的画作于 2009 年 11 月在北京卖出了 2500 万美元的高价。达·芬奇（1000 万美元）和米开朗基罗（1100 万美元）的纪录被打破了。《中国日报》狂喜不止。接着，画家拉斐尔为他们洗雪了耻辱（4800 万美元）。不过新的纪录仅仅保持了六个月。2010 年 6 月，又有一幅书法作品，黄庭坚（11 世纪）的卷轴让所有的计数器都爆炸了——它卖出了 6380 万美元的高价。有史以来的最高纪录！中国不可能放过这枚金牌的。这种竞出高价让西方的大部分行家十分困惑。这些炙手可热的名字并不是那么有名，即使是在中国。卖出的作品是不是真品还不一定呢。在中国艺术品复制不是从工业革命初期才开始的。一位专业人士分析："中国艺术品市场的失控不过是另一种形式的民族主义。"

失控，这些 80 年代初并不存在的拍卖行——拍卖行直到 1982 年才引进中国——以保利和嘉德为首，今天在营业额上已经能够超过西方那些古老的拍卖行——佳士得和苏富比。还有艺术品复制。估价拍卖师的穿着打扮，他站的位置，他的锤子，作品的托架，拍卖师身后电子屏上以全球主要外汇显示的价格：所有的这一切，都会让人误以为

 中国傲慢？　L'arrogance chinoise

置身纽约或巴黎的拍卖厅！不过人们知道，这些公司想做的还不止这些，它们打算在2015年之前把中国的艺术品市场打造成世界第一。

尽管这些金牌颇有争议，中国努力成为世界第一经济强国的道路上却从没有懈怠过，她应该很快就能成功。在过去十年中，中国在这条路上逐渐超越了法国、德国和日本，自从2010年开始，它已经是全球第二大经济体，仅次于美国。作为世界第一大能源消耗国，它同时也是全球最大的手工工厂。她已经超过德国，成为世界第一大出口国。又是一枚金牌。2000年的时候，它的出口额差不多只占世界总额的5%，而到了2010年，就已经接近10%了——仅仅十年就增加了一倍！它应该很快能成为第一大进口国。它也成为越来越多国家的第一大商业合作伙伴——巴西、日本、德国、韩国。

中国的出口，从内容上来说，就是让自己的经济又上了一个台阶，这是国家自豪感的又一源泉。中国仍将是世界最大的"小商品"供应商，就像人们以前用来形容日本和德国的一样。这是某些西方专家打的赌。确实是，它还卖很多T恤、鞋子和木制玩具——最基本的产品。它还提供大量的装配产品，零件都来自发达国家——iPad及其他手机的图形输入板：人们因此把这里看做世界工厂。一块iPad的图形输入板在巴黎的苹果专卖店要卖到500欧元，其中只有5欧会真的回到中国。这些专家正在输掉他们的赌注。它的订货簿上出现越来越多尖端产品的订货——成套

来自《世界报》前社长的「盛世危言」

第二部分　一切皆正确的巨龙
Le Dragon a tout bon

的电信设备、化工能源产业设施，也有先进交通装置。让-路易·贝法是中国以前的朋友，也是圣戈班的前老板，他在2010年1月的时候，通过一系列给人深刻印象的图表，警告一些英法企业，不要被中国的"低价"优势所蒙蔽，英吉利海峡两端的这两个国家十分相信这种给人错觉的幻象。"Eurostat"（欧盟统计局）发布的一张表格显示了中国在世界高新技术产品出口中所占份额的增长。在这个市场上，中国自从2003年就超过了日本，2006年超越了欧洲（欧盟的27个成员国），2007年又走到了美国前面。特定产品的性质，关于利润的那部分里中国劳动所作的贡献很微弱的事实会模糊这个话题，然而倾向却非常明显。OECD（经济合作与发展组织）是发达国家的意见箱，2010年4月它公布了一份关于世界新状态（"转移中的财富"）的研究，研究也从同一个角度表现了中国出口产品中不断增加的尖端程度。研究指标是通过综合考虑技术水平、生产过程的复杂性及人力资本的强度而计算出来的。它评估了一个经济体的现代化状况。在这方面，中国所达到的水平与那些人均收入是其三倍的国家相当。而且它并没有打算止步于此。它的目标非常清晰，就是一定时期内在技术领域取得领导地位。它目前还没达到。但如果你认为它达不到，那么你错了。

到2011年，中国可能将成为世界上申请专利最多的国家。消息十分可靠。《中国日报》和其他中国媒体一起，进行了大量的重复报道。消息来源于一家西方通讯社——汤

 中国傲慢？ L'arrogance chinoise

姆森路透社，那里的消息都相当可靠。它的会计员指出从2003年开始，中国出现了专利申请的暴涨（增长了26%），而其他国家则开始越来越少，美国增长了6%、韩国是5%、欧洲为4%、日本仅有1%。在中国媒体看来，这些在实验室和大学里百花齐放的专利是国家科技实力上升的一种体现。这一判断值得推敲。专利申请在中国的爆发式增长并不是纯粹偶然的结果。中央政府在里面投入了不少心血。近几年，它建立了一种相当强大的鼓励机制。现在，申请一项专利，对一位初出茅庐的老师来说就是一种评上教授的希望，对一个出身农村的学生来说就是一个取得他喜欢的城市的居留许可证（有名的"户口"）的机会，对一个收入甚微的工薪阶层来说就是一份丰厚的奖金，对于一家企业来说就是纳税额的大幅减少……一切都是为了促进专利的繁荣。政府建议由它来负责办手续。而负责此事的国家专利局，则根据它授出许可证的数量来获得酬劳。名副其实的专利生产"买卖"已经在淘宝、易趣中国等网上形成了。要相信路透社在美国作出的评定，激励机制是有效的。在申请的专利中，只有少数真正和发明有关，大多数都是"实用专利"。专利申请的爆发终于结束了，但也导致了蔚为壮观的发展。华为是中国大型电信设备企业，在欧洲曾和比利时"Options"公司发生对抗。争执在于电信产品的连接配件。在竞争最激烈的时候，中国电信设备制造商的一句话充分显示出他们的骄傲："我们每天都会申请一项专利，而'Options'不过每两年有一项专利。"2008年以来，

来自《世界报》前社长的「盛世危言」

华为成为世界上生产专利最多的企业。2010年秋，华为和"Options"握手言和——比利时公司一夜之间放弃了所有诉讼。谁输谁赢，大家可想而知。

专利申请竞赛不过是中国为了研究而实行的国家意志主义众多侧面中的一个。在过去的十年当中，教育系统、高校网络，以及研究中心都得到了大量的资金。20世纪90年代末以来，中国的高等教育学校数量翻了一番，每年大约有50万毕业生走出校门。60%以上的高中毕业生都进入大学继续学习。十年之间，中国又恰好将双倍的资金投入研究和开发，专家称之为"研发"。为此，中国差不多花掉了相当于国内生产总值1.5%的资金。但这还不算多，低于世界平均水平（1.7%），以及欧洲（1.8%）、美国（2.5%）和韩国（3.4%）。不过，到2020年它将赶上美国的水平。中国拥有世界上最庞大的研究员（150万，占世界研究人员总数的20%）和工程师（超过300万）团队。它还争取到西方大型跨国公司超过1200个"研发"实验室进入中国，来充实本身数量就在不断上涨的中国本土企业的实验室。不管是在DNA研究领域，还是对基因的探索，实验室中的专家都认为中国的水平和世界上最先进的国家相比，还差3—5年。这种说法得到了法国医生伯纳德·德勃雷的进一步证实，他定期在上海一家医院做研究，因此比较了解情况。另一位法国医生，蒙塔尼耶教授表示完全同意这种意见。他在1983年和别人一起发现了艾滋病病毒，2008年获得诺贝尔医学奖，这位杰出的研究专家在2010年

 中国傲慢？ L'arrogance chinoise

末的时候被上海交通大学聘请。65岁开始他就已经在法国退休了，但他很高兴自己78岁了还能继续研究工作。他在离开法国的时候说，自己在中国找到了"一种开放精神，一种生气和决策的灵敏度"，在他看来，那些在古老的法国已经不存在了，但是"对开辟新的病毒和细菌研究道路却十分必要"。这所中国的大学位于上海，在世界上也享有盛名，它将会给这位卓越的教授创造大量的条件，使他能创建自己的"蒙塔尼耶学院"。

考虑到自己培养了大量的工程师和研究人员，中国更确信人多力量大，未来的诺贝尔奖得主——不仅仅是和平奖——将会是中国人。国际能源署（能源消耗大国的机构）的专家们并不否认其实现的可能性。2010年年末，在他们最新的报告中，他们承认中国将迅速成为"低碳技术，风能、太阳能、核能技术及电动车技术方面的世界领先者"——这些都是未来产业。不光伯纳德·德勃雷、吕克·蒙塔尼耶和国际能源署打赌中国将是目前技术大战的下一个获胜者。来自美国加利福尼亚的风险投资公司红杉资本是最早投资苹果、思科和谷歌的公司之一，目前已经不再做担保，除非是中国的公司。其领导人具有敏锐的嗅觉，从2005年开始，就把中国的各省市都调查了一遍。他们确信这块神奇的土地上未来遍地是黄金。2009和2010年两年，他们投资了一些新兴通讯企业，并帮助其中的12家上市。这12家企业中有两家是美国的，另外还有7家是中国公司。在他们看来，未来的苹果公司也是中国的。

第二部分　一切皆正确的巨龙
Le Dragon a tout bon

在此期间，应该是 2010 年，在月球领域之外，中国又摘取了几枚新的金牌，《中国日报》当然不会忘记把它放上头条：世界上计算能力最强的超级计算机，火星的前几张门票，可以最大限度潜入海洋的海底探测器……巨龙比美洲豹更威猛。李楠是国防部在天津的研究实验室的主持人，2010 年年末，他在电视上介绍说中国的超级计算机是世界最强的。"我们将会打破美国的纪录。"这位中国科学家兴奋不已。确实如此，"天河一号"已经具备实现每秒 2500 万亿次的计算能力（一台普通的办公电脑要达到这样的操作需要 150 年），它已经比美国的"美洲豹"要厉害，后者是位于田纳西州的一个实验室，是原来世界纪录的保持者。

在这场竞赛中，中国当然也有落后美国的地方。在全球超级功率计算机 500 强排行榜中，中国只占了 47 台，而美国有 275 台。这几年中国已经大大缩小了差距。尤其是从现在开始，它拿了 500 强里面的金牌和铜牌。此后，中国的大型计算机要使用"美国制造"的芯片，通常是英特尔（Intel）、AMD、英伟达（Nvidia）或者太阳微系统（Sun Microsystem）公司的。中国有个诀窍，可以把这些芯片连到一起。不过，它还是要靠从美国进口所需的电子元件。但中国的工程师太聪明了，通过这些芯片，他们很快就能造出完全原创的微处理机。这是中国超级计算机之父在介绍机器的时候所强调的。这场关于信息计算速度的竞赛并不是无足轻重的。它对所有国家来说，都是竞争力输赢的关键。实际上，日本以前在这方面也进行了大量的投资，并

 中国傲慢？ L'arrogance chinoise

在2002年超过了美国。2004年，它从美国手里夺得了世界领先的地位，不过又失去了。这一连串控制大型计算的灰色开关，对例如国防、能源和气象等很多领域的研究来说都是一个厉害的武器。它们可以用来模拟原子弹爆炸的效果，探测新的能源或者提前很长时间就预知天气的变化。

另一块竞赛场地就是太空。2010年年末，月球探测器发射的号角吹响，提醒人们中国的目标仍然是登月、登火星……说不定还有别的地方。赶俄超美，野心昭然若揭。中国在太空领域投入的预算只不过是美国宇航局（NASA）预算的五分之一。不过不要紧：对胜利的渴望可以弥补资金的不足。对深海的开发也是同样的道理。

2010年夏天，三位中国科学家把他们的国旗插进了中国南海3000米深的海底。行动是秘密进行的，直到确认成功了才公布。这次行动也是意志主义民族政策的产物。因为海底充满了石油、矿物和其他的资源：光缆、废弃的核武器、迷路的潜水艇……为了抵达海地，三位英雄借助了一台名叫"蛟龙号"的机器，蛟龙是神话中海里的龙。"蛟龙号"能抵达7000米的深度——这和日本最新的探测器"深海"能潜入的深度相当，后者只能潜到6500米以下。中国再一次提醒人们，永远也别把巨龙和日本搞混，最好连比也别比。

超级计算机、太空飞行、海底探测器：这三个例子，还有其他等等，表明中国下定决心要很快成为科技领域的超级大国，实际上是重新成为。"帝国"在其辉煌时期，曾是很多发明的发源地——火药、指南针,尤其是烟花都是在中国发明的。如果要革新,传统肯定是不够的,况且它已经被遗忘了几十年。光有本领也不够,还必须有一块有利的土壤——法治国家,对知识产权的保护,经济和精神上的鼓励,等等。这些中国也许并不完全具备。但它取得的几块金牌表明,无论如何,至少它有这个意愿。

＊ ＊ ＊

"中国既没有出口革命,也没有出口饥荒和贫穷。它只是自己在发展,仅此而已。它也不想让你们头疼。你们还想怎么样?"2009年2月,时任中国国家副主席习近平在墨西哥的华人面前,就对中国的指责作了回应,他是中国共产党为胡锦涛挑选的接班人,是未来中国的主席。"它就是想发展,没别的。"这位中国领导人一边说,一边用少有的字眼嘲笑着,"那些老是指着中国骂的外国人真是吃饱了撑着没事干。"确实如此。中国的经济成果是惹人注目的——即使在2007—2010年的世界经济大萧条时期仍是如此。她的体制起了作用。市场这只"看不见的手"和国家这只"看得见的手"共同运作,"看得见的手"有些笨拙,有时候甚至专制,但毕竟起作用了。次贷危机打击了那些推崇"华盛顿共识"的国家,他们寄希望于市场和民主的完美结

 中国傲慢？　L'arrogance chinoise

合。现在，危机却促进了"北京共识"的推广，它的特点是将经济上的超级资本主义和政治上的独裁主义结合在一起。

这种"反自由主义"的制度让中国赢得了不少战争——经济、商业、技术和金融各个方面。中国在政治方面的战役目标是向世界强加其影响力，不过它辩解说并没这么做。于是，她的政治经济体制成了少有的没被出口的"中国制造"产品之一。在世界很多地区，很多新兴国家，这种体制的吸引力越来越大。就像英国评论作家阿纳托莱·卡列茨基指出的那样，这种体制将来很可能会成为"一种优势经济模式"。在《资本主义4.0：危机之后一种新经济的诞生》① 一书中，这位世界经济观察家说世界在半个多世纪里都经历着同一种模式，这种模式是"建立在西方价值观和美国领导地位基础上的民主资本主义的产物"。未来，世界将会在另一种模式下发展，那就是"一种受亚洲价值观启发并由国家领导的集权资本主义"，中国将是这种模式具代表性的推行者。如果说中国抵制一切信教的劝说，那是因为她知道不管怎样，她所取得的经济、技术和社会成果的排行榜是目前最有力的论据。

---

① Kaletsky, Anatole, *Capitalism 4.0：The Birth of a New Economy in the Aftermath of Crisis*, Public Affairs, 2010.

第三部分

惊恐的巨龙

Le Dragon a trop peur

引　言　//　105
日本的梦魇　//　107
当松鼠苏醒时　//　112
巨兽筋疲力尽　//　116
释放消费者的购买力　//　123
富士康，改革先锋　//　127
红色旗帜，绿色发展　//　135
受到质疑的"非自由主义"　//　144

第三部分　惊恐的巨龙
Le Dragon a trop peur

引　言

经过30年疯狂的增长，如果突然间，神奇的增长停了下来，是不是中国巨龙也会遇到"辉煌30年"的魔咒？在各国经济发展史上，这样的例子屡见不鲜：经过30年持续发展，经济活力不再，增长也变得混乱，更加不确定，更加虚弱。法国也有过同样的命运。"二战"结束后，1944年到1973年间，和欧洲大陆所有的国家一样，法国经历了快速发展的繁荣时期。法国经济学家让·福拉斯蒂埃（Jean Fourastié）称这一时期为"辉煌30年"。1973年第一次石油危机爆发后，法国经济风光不再，危机接踵而至，经济停滞，失业率大幅上升。

中国也害怕成为这个魔咒的受害者，面对可能会惨淡许多的未来，集体性的焦虑是今天中国式傲慢的另一个有力解释。在自信满满的表象背后，中国有恐惧，并将其掩饰在高傲姿态之下。这样的高傲无处不在，就像在国际论坛（哥本哈根或达沃斯）和合资企业中表现的那样。中国人对其取得的成绩非常骄傲，他们深信社会主义市场经济体系既高效又十分优越，而西方则认为该体系是"非自由主义"的。这是中国式傲慢的第一种解释。但同时中国人也深知30年来经济增长的两大动力：人口和出口正日趋失

 中国傲慢？ L'arrogance chinoise

效。中国应当转变经济增长方式，依靠创新和内需拉动经济增长。日本经常被作为比较的对象，从地缘上，日本比法国更临近中国，此类比较不无依据。

中国深知其发展方式与其人口一样都日益老化，是时候进行转变了。然而，转变经济增长方式能够避免触及政治体制改革吗？这才是问题所在，是中国人焦虑的根源。"非自由主义"体制对于建设大坝和超级大都市十分有效，但是否可以实现向知识经济的转变？这个体制是否适应新的经济增长方式？中国人对这些问题尚没有完全肯定的答案。对此，中国人有些犹豫，有些担心，有些害怕。在2012—2013年换届之前的国家高层，党内讨论日益激烈，就是明证。中国人将这种集体性焦虑隐藏在现时的傲慢背后。这种惧怕最明显、最震惊、最显而易见的表现就是中国敛聚了巨额外汇储备，中国成了控制世界的银行家。这是一股强大的力量，中国可以称王称霸，他们想买什么就买什么，想卖什么就卖什么，把钱给他们想给的人。这也是一种虚弱，中国和其债务人之间的依赖关系十分危险，中国会深陷其中。孔子是中国伟大的哲学家，如今重获盛名，在他的作品《论语·述而》（公元前6世纪）中提到"奢则不逊，俭则固"，并总结道："与其不逊也，宁固。"

来自《世界报》前社长的「盛世危言」

第三部分　惊恐的巨龙
Le Dragon a trop peur

1. 日本的梦魇

中国是一个"超级日本",和20世纪80年代的日本很像,但块头要大得多。2010年,中国才刚刚从东瀛邻居手中夺过世界经济的第二把交椅,但她并不喜欢和日本一起作比较。首先,中国人很讨厌日本人。历史上,两国多次对立争斗。北京和东京之间龃龉不断,近些年来,双方交恶不断升级。另外这两国的关系是,一个大陆国家(13亿人口)和一个岛国(1.3亿人口),一个人民共和国和一个君主立宪国,一个共产主义国家和一个资本主义国家,一个美国的有力竞争对手和一个美国的小跟班,一个富国穷民和一个穷国富民,两者之间没有任何共同点。

中国固然不是日本,但中国经济腾飞之路却让人不得不联想到50年前的日本。今日的中国之路根本就像极了昨日的日本之路。用经济学家的术语来说,两国都采用了"重商主义"的策略。在所有方面都实行优先"出口"的策略,依靠强势政府的政策支持,以及为数众多又便宜的劳动力。北京使用了和东京同样的方法:低工资,技术抄袭,优先投资,选择重化工业,疲软的货币,掠夺式储蓄。一如日本,中国变得富有、发达,也成为世界第二。在此期间,中国积累了巨额的商业盈余、异乎寻常的外汇储备和

C'est《l'avertissement》de l'ancien directeur du journal Le Monde

 中国傲慢？ L'arrogance chinoise

大量的超额投资。如果不提后来日本的下场，那这些也倒都无足轻重了。之后，日本奇迹结束了，长期经济停滞开始了。正是因为害怕中国奇迹的结束，北京从来不提和日本的比较。

然而，正如60年代时日本超过德国成为世界经济第二时，所有优秀的经济学家都笃认日本将成为世界经济的领导者。1979年，美国哈佛大学著名学者傅高义（Ezra Vogel）出了一本书，书名言之凿凿，叫《日本第一：对美国的启示》①。当时，东瀛岛国的进步的确是非常令人称奇的，似乎永远不会停下来，这像极了21世纪初的中国。当时日本企业向西方企业发起了猛攻，就像今天中石油、吉利、华为一样。东京股市狂飙，房地产泡沫膨胀，像极了今天的上海或深圳股市，北京或香港的房价，2010年香港最贵的地段房价翻了一番。日本投资者席卷纽约的豪华住宅，尤其是洛克菲勒中心，以及好莱坞的大牌电影公司。今天伦敦的房价持续高温，也是中国人在推动着。好莱坞的米高梅电影公司也为中国人垂涎觊觎。过去，似乎没有什么可以阻止日本人的前进的脚步了。然而，在80年代末日本股市和房地产泡沫破裂后，日本跑不动了，连走路都变得困难了。最终，日本没能超越美国，而是陷入了长期的滞涨，他被中国赶超上来，日本人的噩梦萦绕在中国的夜

———

① Vogel, Ezra, *Japan as Number One: Lessons for America*, Harvard University Press, 1979. Trad. fr. : *Le Japon médaille d'or : leçons pour l'Amérique et l'Europe*, Gallimard, 1983.

第三部分　惊恐的巨龙
Le Dragon a trop peur

晚中。

为了聊以慰藉，中国巨龙宣称中国不是日本，两者之间有很大的差别，那就是人口。中国现在有世界20%的人口，是日本的十倍。中国是国富民穷，民众对经济增长有强烈渴望。整体来说，中国确实是富有的，是世界第二大经济体。中国的国内生产总值是美国的三分之一，而实际上可能比这个份额还要多得多。中国的经济学家认为，中国官方的国内生产总值被低估了。占据很大份额的灰色经济（各种形式的地下市场）没有被计算在内（一些人估计在20%—30%之间）。因为人民币被低估（一些美国专家认为低估了40%），中国的国内生产总值也被低估了。根据这些因素，两个世界经济巨头之间的差距可能没有官方数据上那么大的差距。三个中国抵一个美国是不大准确的，两个还差不多。但两者的差距依旧是比较大的。

除此之外，今天的中国和30年前的日本，其不同之处在于，中国现在依旧贫困，而当时的日本已经比较富裕了。中国的人均国民生产总值是30年前的十倍，从1980年的400美元上涨到了2010年的4000美元。这个成绩前所未闻。在历史上，从没有一个如此巨大的国家，在如此长的一个时期里持续快速地提高国民的生活水平。然而，居民收入仍然微薄，大概是法国的1/8到1/6、美国的1/10。中国的国内生产总值是世界第二，而人均国内生产总值则是第100位，处于阿尔巴尼亚和萨尔瓦多之间。既富有又贫穷，这是一个前所未有的情况，跟80年代时的日本完全不

 中国傲慢？　L'arrogance chinoise

一样。所以日本强弩之末的时候，中国却还有巨大的经济发展潜力。

但是，中国这样聊以慰藉就错了。在日本例子之外，事实证明，当一国收入达到一定水平，经济增长就会放缓。美国经济学家安格斯·麦迪森（Angus Maddison）发现了这一现象。1969年，日本达到这个水平（实际购买力的人均国内生产总值7000美元），他发现随后一年的增长降低了4.1%。2008年，韩国达到这一水平，次年增长也降低了2.4%。美国投资银行摩根士丹利继续麦迪森的研究，根据他们的计算，中国在2008年达到这一不可避免的水平。因此，中国的增长也会有一个较明显的减速。他们认为，中国存在沦为中等收入国家的风险，生产力赶不上生产成本的增速，将会使中国经济陷入停滞。

根据这些过往的经验，北京的主人深知过去30年不断取得辉煌的发展模式，会和东亚邻居们经历的那样逐渐失效。他们不愿意像日本那样采取自杀性金融政策，他们认为这正是80年代中期日本经济发展衰败的败笔所在。1985年，迫于西方伙伴持续不断的压力，日本不得不在纽约签订《广场协定》，大幅升值日元。中国认为，这是日本当年的自杀之举。正是这段往事，促使中国现在强烈反对美国对人民币升值一事上的颐指气使。

面对可能的经济滞胀风险，中国领导人表现得非常冷静。关于中国经济现状最激烈的评论和最中肯的分析都来自中国共产党领导人内部。斯蒂芬·罗奇（Stephen Roach）

第三部分　惊恐的巨龙　Le Dragon a trop peur

是一位美国精神领袖，刚在亚洲待了四年，他试图了解亚洲的经济思维，在他的《下一个亚洲》一书中①，他说他非常震惊，在2007年3月的北京，开完全国人民代表大会后，温家宝总理面对媒体，提出了对中国经济的个人见解，概括为"四不"："经济发展中不稳定、不协调、不平衡、不可持续"。四个要命的"不"字啊！用法语理解应为"不稳定，充满了危险的不平衡，不协调，环境不可承受"。非常犀利！我们很难想象一个西方或是法国、美国领导人敢使用如此直接和猛烈的词汇形容本国的经济状况。

中国人深知应该转变经济发展方式。日本的经历让他们坐立不安。中国更青睐新加坡和韩国的发展历程。但在这两个国家，政府是强势的，增加了市场竞争，放开了进口限制，调整了金融体系，并赋予了国民更多的经济自由。寻找新的经济增长点，是近十年来北京的领导人提及最多的问题。"十一五"期间（2006—2010），解决思路已经初步成形。中国的经济增长应该摆脱对出口、加工组装产业和山寨产业的依赖，进一步依靠国民的消费、服务业和科技创新。然而，结果却不能让人信服。这一时期，中国取得的贸易盈余超过以往所有时期。2007年，中国的出超占国内生产总值的11%，真是近乎疯狂，到2010年，出超仍占国内生产总值的5%。"十一五"末期，家庭消费支出占

---

① Roach, Stephen S., *The Next Asia : Opportunities and Challenges for a New Globalization*, Wiley, 2010.

 中国傲慢？ L'arrogance chinoise

国内生产总值的比例降到了最低。"十二五"期间（2011—2015），中国人重担依旧，干劲更足了，而不确定性也更多了。

2. 当松鼠苏醒时

易纲，并不是我们这个时代的一个大明星，更不是世界上最有权势的人物之一。他是一名在美国攻读过的经济学家。从2009年夏天起，这个令人难以捉摸的中国人掌管了"中央帝国"的外汇储备。他手握借贷、投资、监管、提出建议、对外说教等大权。他掌管的外汇储备规模庞大，近3万亿美元，大约折合法国一年的国内生产总值，中国半年的国内生产总值，或是全球外汇储备的三分之一！多么神圣的一枚金牌。东方巨龙最近几年攒下了万贯家财，却成了和松鼠一样的存钱大王。2000年底，中国的外汇储备仅有1000亿美元，而2010年底，这个数字达到了近3万亿美元，十年间这个巨大的雪球扩张了近三十倍。真是疯狂啊！难道是害怕世界末日的到来或严重的灾难，而存下这巨额财富吗？对于中国这样一个穷国，如此庞大的外汇储备，实际上就是一个完全的反常举动，经济上很荒谬，政治上很极端。

和所有理性的国家一样，像法国和中国，一个国家应

第三部分　惊恐的巨龙
Le Dragon a trop peur

该存储一些钱,来应付困难时期,经济学家称之为预防用的外汇储备。既是经验也是惯例,一个国家应该存有足够支付三个月进口额的现金储备。而现在受到金融危机的影响,这个安全期限调整到了六个月。而易先生掌管的外汇储备则够支付中国三十个月的进口额,是通常储备期限的十倍。这已经不是预防措施了,而是强迫性的藏钱攒钱行为。

存钱并不是缺点,反而是个优点。我们都学过"知了和蚂蚁"的故事。中国人和大部分亚洲人一样,都是存钱大户。"中央帝国"现在医疗、教育、养老等方面的诸多不确定,促使人们更乐衷于存钱。由于没有集体性的社会保障,中国人不得不存钱保障家人和自己。因此,一个情况就出现了,中国人通常把自己收入的30%—40%存起来。这个数字相当大,又是一个世界纪录。而且整个国家都是这样。这种盆满钵满的存储,正是对未来恐惧的最蔚为壮观的反映。装成爱存钱的小松鼠的东方巨龙,犯了一个很大的错误。这种对未来的恐惧会让其损失很大很大,至少有三个原因。

首先,为了增进外汇储备,中国不得不持续不断地保持贸易盈余,出口、出口再出口,依靠的只是疲软和被低估的人民币。这种做法主要是补贴出口,并对进口商品征税。先是用固定汇率,再是用疲软货币,中国政府自有其原因。2010年秋天,在布鲁塞尔,美国、欧洲和日本联合就人民币升值向中国施压,温家宝总理的回答是,实行人

 中国傲慢？　L'arrogance chinoise

民币浮动汇率制，并贸然升值人民币，将会对出口商、中国经济，乃至世界经济造成巨大灾难。逐步升值人民币实际上不会是灾难，但这样确实会迫使中国加速变革。人民币升值将有利于出口商提升竞争力，和提高中国人在国内和国外的购买力。围绕货币问题的紧张情绪也是对未来恐惧的一个迹象。被低估的人民币和美元基本挂钩，而且不可自由兑换，这使得北京感觉主导了游戏，并试图尽可能长时间地取得控制权，尤其是中国自己制定了货币的可自由兑换和国际化的时间表。中国从日本80年代和90年代的悲惨遭遇中吸取了教训。中国断然不会让美国牵着鼻子走。然而，中国并不急于让人民币取代美元成为世界货币。2009年，二十国首脑峰会前夕，中国人民银行行长周小川的一席话一石激起千层浪，他提出一篮子货币取代美元的世界货币地位。

　　这是货币方面的基本现状，小步前行的漫漫长征，使中国人可以维持和继续膨胀他们的私房钱。国际货币基金组织却害怕最坏的情况发生。根据国际货币基金组织的预计，未来五年内（2011—2015），中国人还可以继续积累2.6万亿的外汇储备，他们的巨额财富又翻了一番。这种情况同时会在国内产生不好的影响，企业越来越富，家庭的利益被损害，优先投资，甚至是超额投资，而不是刺激消费。最终会使中国的现代化停止。这是第一个损失。

　　这一大笔不动资产，是中国人民辛勤工作得来的，却没有对国家的发展作出应有的贡献。另外，也没有投入到

第三部分　　惊恐的巨龙
Le Dragon a trop peur

有需要的地方。一个发展中的国家需要投资，为未来做准备，修建中小学校、大学、医院，并完善设施。中国有一个非常好的机会，她拥有巨额的财富。然而，中国存的钱并没有投入到这些社会基础设施的建设上来，而是用来弥补美国、希腊和西班牙的赤字。在广州，李太太勒紧裤腰带和自己的独生儿子合吃一碗米饭，而在美国德克萨斯州的达拉斯，约翰森女士贷款买了自己的第三辆车，还是四驱驱动的车。这样一个不平衡是不可能长时间维持下去的。

如果这些储蓄无法大规模地直接服务于国家的发展，那小的作用总该有吧？事实上并非如此。易纲和他的老板，中国人民银行行长周小川，对于他们所掌管的外汇储备的使用十分谨慎。在金融危机爆发前，他们所购买的一些美国银行的股份已经给他们带来了许多的风险，他们吃了大亏，于是转而投资黄金，而买入的时候金价已经开始上扬了。总的来说，他们的储备大部分是购买美国的债券（约占储备总量的2/3），尤其是收益甚微的美国国债，而且还有汇率升高的风险。投资中国国内，将使中国经济受益更多，肯定会有更好的效果。这是这种恐惧的第二个损失。

第三个损失是，庞大的外汇储备使中国对其产生的依赖。中国积攒这巨额外汇储备是为了自我保护。中国再没有必要四处伸手要钱，而成为了世界的银行家。2010年，好几个深陷巨额债务危机的主权国家就寻求北京的帮助。中国的领导人可以对此很是骄傲。形势陡然变了过来，富国跑来找穷国借钱。无论是法国的小银行还是中国的大银

 中国傲慢？　L'arrogance chinoise

行，银行的问题都是一样的，如果一个客户还不起钱了，只有两个截然不同的办法：一是借款人比较老实，那是借款人苦恼；二是借款人很霸道，那就该银行头疼了，银行感到危险了。这正是中国现在的状况，她借了很多钱给一个大块头，美国。中国担心欠债的美国除了胡乱开口头支票根本还不起钱，于是中国就陷入了一个非常脆弱的境地，并试图摆脱这种情况，使其储备更加的多样化，不再把钱借给美国，而是借给欧洲、日本、韩国或其他客户，而这样有可能从一个陷阱掉到另一个陷阱。

最后，中国的傲慢也是自信不足的反映。中国从日本的经验中得出教训，担心过快的升值其货币会导致经济的不平衡，而货币升值又是实现现代化的迟早都要有的条件。自从2005年7月第一次放宽人民币对美元的联系汇率，对比美元，人民币已经升值了近20%，而且没有人怀疑她的经济活力。相反，人民币可自由兑换，启用市场浮动汇率，都会使中国担心失去对其经济发展的控制力。因此，中国对人民币升值一事十分紧张，并疯狂地积累外汇，以期实现自我保护。正是这样，中国给其未来发展设置了障碍。

3. 巨兽筋疲力尽

一面是雄厚的货币储备，另一面是枯竭的劳动力储备。

第三部分　惊恐的巨龙
Le Dragon a trop peur

有时，这一判断被描述的更为严重。2010年3月，一年一度的"两会"在北京召开，会后，温家宝总理提出了严厉的警示，他说：中国的"人力资源结构性匮乏"。难以置信！一个拥有世界上人口最多的国家（13亿人口）怎么会缺少人手？在2000年初，时值国家大剧院建造之际，法国建筑师保罗·安德鲁为此而招募建筑工人，令其印象深刻的是："一个简单的招工启事，只需在工地入口处立一个招工牌，一大清早便有工人排起了长长的队伍，一直待到深夜，真是难以选择……"这位巴黎戴高乐机场的建筑师感叹道。前来务工的主要是来自农村的外来人口（即"民工"），他们不计较或者几乎不计较薪酬的多少。五年或十年前，中国还是一个巨大的宝库，里面满是廉价、年轻又闲置的劳动力，从表面上看，这个宝库取之不竭。

自2004年、2005年起，在长三角和珠三角流域的一些大城市中，这里是中国工业革命的发源地，开始出现了招工难的问题。仅仅一个简单的招工启事已经很难招到人了。在东部沿海最为发达的城市里，劳动力市场的紧张局势愈演愈烈，这就使得在2010年本田、现代以及其他一些外资企业的工人要求涨工资。

那么，人力资源短缺已经存在了吗？从整体上看，中国，这个人力资源大国，尚未及于此。然而，中国国家总理的话也绝非危言耸听。这一众多的、闲置的且廉价的劳动力资源，这个曾是支撑发展的最大动力，正濒于枯竭。一些经济学家认为，中国在历经30年持续且基本无通货膨

 中国傲慢？ L'arrogance chinoise

胀的增长后，正处于一个转折点上——"刘易斯拐点"。1979 年，诺贝尔奖得主阿瑟·刘易斯曾阐述了一个国家最初的发展是如何建立在"无限的劳动力供给"之上的，随即这一无限供给又是如何变成"有限的"（凡事都有终点），一个国家又应如何寻找其他必要的条件来支撑其发展。与人口红利相同，出口，甚至是"无限制的出口"是另一个发展的动力，然而，这一剂灵丹妙药也面临枯竭。

说到底，一个国家为了生产更多的商品，为了谋取发展，没有比这更简单的办法了：只需要使更多的人在更多的机器上劳作即可。中国的辉煌 30 年的增长便源于此——这是尽人皆知的秘密。这也是过去（苏联时代）共产党人所称为的"粗放型"增长，仅仅依靠增加生产要素量的投入来实现增长——越多工人参与劳动，越多的工厂运作，就能实现发展。卡尔·马克思则将其称之为原始资本积累的必备阶段，这一积累的实现需要调动一批"后备军"，即一大群任人奴役剥削的、丧失一切生产资料的劳动者。共产主义之父所指的是资本主义世界，而并非"中国制造"的社会主义市场经济体制。然而不可否认的是，30 年来，中国正是基于这一模式，正如"大胡子"① 所描述的那样，而取得了发展。

自 80 年代以来，人口的增长，尤其是适龄劳动人口的增加，加之农村人口外流，包括派遣大批农村青年前往城

---

① 法文为"Grand Barbu"，这里指马克思。——译者注

市工厂工作，这些都极大地促进了生产的发展，且每年都新增三四千万就业人口。尚不能肯定，现在是否仍存有这一增长趋势。但确信的是，这并不会持续下去。首要原因是这个国家的人口问题——毫无疑问，这是中国现今最大的软肋。拥有占世界20%的人口数量，目前中国保持了其冠军的地位。却可能在本世纪中叶之前失去这一金牌。这是因为从人口统计学角度来看，这个大国已从此步入衰退。随着出生率和生育率的暴跌，其人口总量增长微乎其微，且增速持续减缓。据联合国统计，中国人口总数将在2030—2035年间达到其峰值——大约15亿人口——随后便开始下降。作为其竞争对手的邻国，印度将可能超越中国并跃居首位。

与此同时，中国社会的老龄化也在加速这一进程。他曾经是一个充满朝气的国家，人口结构年轻化。然而，现在中国却未富先衰。1995年，其人口平均年龄为27岁，而到2050年时，其平均年龄将达到40岁！如今65岁以上的人口已占其总人口的8%，到2050年这一比例将达到20%，即1/5。80岁以上的人口将由现在的1.4%上升至2050年的7.2%。一方面由于寿命的延长，医疗保健及饮食条件的改善，另一方面受独生子女政策的影响，人们更喜欢只要一个孩子，这些都直接导致了人口的老龄化，并使得人口数量开始减少。80年代初，中国恐难负担如此众多的人口，出于此担忧，邓小平便制定了计划生育政策，规定每个家庭只能生育一个孩子。据中国官方数据统计，这一政策使

 中国傲慢？ L'arrogance chinoise

得中国在30年间减少出生人口4亿。然而，这一政策并不是在各地都适用：其并不适用于少数民族，同样的，农民在某些条件下也可不受其制约。近年来，这一政策也有所放宽：在某些省份，对于父母双方均为独生子女的家庭，以及一些有经济实力的富裕家庭也不适用。这一政策并没有被同等地遵守与监督，即便如此，它仍然具有普遍约束力。各地政府也尝试去实施鼓励生育的政策，可是到目前为止，这些政策也未能扭转这个下降的趋势。上海，虽是承办世界博览会的都市，却也是目前世界上生育率最低的城市。尽管上海市政府近年来一直致力于提升生育率，可直至目前，仍只是徒劳。结果便是：当一个西方的家庭带着两个或三个孩子在大街上散步时，中国人便艳羡不已。然而，他们却不生孩子，自90年代起，其生育率便不足以达到世代更替的水平。

　　低生育率对经济也构成了现实的威胁。近年来，中国一直受益于其特殊的人口红利，这是上天的恩惠：适龄劳动人口（15—64岁）数量庞大（占总人口70%）。在全球范围内，这一比例仅为60%（印度为62%）—65%（巴西、欧洲、美洲）。然而，这一人口红利将消失。2015年将是关键的一年，它预示着衰落期的开始。据世界银行预测，自2015年起，中国人口将每年递减0.1%。照此速度，至2050年，中国将比目前减少1亿劳动力。北京能继续依靠不断外流的农村人口来维持其发展——每年仍将有1500万—2000万的农村人口涌入城市——然而，这绝不能弥补其人

第三部分　惊恐的巨龙
Le Dragon a trop peur

口的锐减。基于这些担忧，一些中国官员期望国家能实施切实的生育鼓励政策。他们尚未能说服落实。假设他们成功了，一切还无法预测，可无论如何，转折点还远未能到来，甚至需要更长时间才能见效。

伴随着中国依赖出口以支撑发展的模式遭受质疑，其人力资源的枯竭也由此而愈发严重。在80年代初，中国经济自一开始便将自己打造成了一台真正的出口机器。"无限制地出口"便成为中国的发展战略。所有的一切都围绕着这一目的展开——为那些希望将中国作为出口基地的外国公司设立免税区，为出口公司提供税收优惠，由此出现了大量的投资，兴建基础设施（港口、机场等）以及疲软的货币。其结果出乎预料。在2009年，中国超过德国成为世界第一大出口大国，这主要归功于其众多廉价的劳动力后备军。然而，这一优势却在被孟加拉国、越南或印度赶超。

尽管出口仍旧增长强劲，可"无限制地出口"如今也面临危险。劳动力资源的严重短缺并不是唯一的原因。随着国外市场开始饱和，这一战略也遭受影响。2008年秋，随着雷曼兄弟的破产，国际需求骤减，这让中国官员意识到其发展模式的脆弱性——过度依赖西方市场。美国的消费者再也不能无休止地购买所有中国制造的商品。他们不再需要中国制造的商品。为了抵制大量涌进的中国商品，几乎各地都出现了保护主义抬头的迹象。不管怎样，消费者也承受不起了，负债累累的他们已再无能力欠更多的债了。

 中国傲慢？ L'arrogance chinoise

如果能调动充足的人力资源，并拥有大批有需求的国外市场，世界工厂便能够维系其发展且更加辉煌。然而，正像今天这样，当其劳动力枯竭，市场萎缩甚至关闭，中国便遭遇萧条。转型并不是一蹴而就的。在"无限制地出口"的主导下，其重工业投资猛增甚至过剩。矛盾的是，中国毫无疑问地成为了当今世界资本最密集的国家——投资率最高的国家。这一投资浪潮很难在短时间内退去。

如果不作出任何改变，中国经济的发展前景将会是一片惨淡。在1981年到2007年间，正是在其人口红利以及有效的"无限制地出口"政策的推动下，中国实现了平均9.4%的增长。到2011年至2030年间，这两大优势将会消失，其发展速度将降至5.5%——降低了一半。这是亚洲开发银行——区域性政府间的银行，中国为其成员国——对中国经济发展作出的判断。其他一些机构及经济学家对此也抱以同样的态度。直至目前，正是这些为满足工业出口而调动的大批劳动力使得中国得以实现经济腾飞、发展和飞速增长。所有人都认为现如今中国不能再仰仗这两个发展引擎了。那么，相较于此前30年年均9.4%的增长，在今后30年中，难道中国只能实现每年5.5%的增长？并不是所有人都精确到这一数值。即便如此，由亚洲开发银行所预计的5.5%这一数值对于中国官员来说，是一个政权的警示，一个红色"危机"预警——实际上，他们认为他们政权的合法性是建立在让国家富裕的承诺上，至少需要6%—7%的增长才能满足国家政治和社会的稳定。而5.5%

第三部分　惊恐的巨龙
Le Dragon a trop peur

的增长低于这一最低限度。为了避免动荡的威胁，中国应当寻找新的发展动力。法国国际经济学研究中心（CEPII）——法国研究机构——的专家们在2010年4月21日出版的法国国际经济学研究中心《快报》（*Lettre*）中坦言，这是"外向型经济增长"方式的必然结果。国家主席胡锦涛也提到要向"包容性增长"过渡。换而言之，中国应当服务于自己的消费者，服务于所有的中国人，不论是富有的还是贫穷的，不论是内陆的还是沿海的，而不应该将服务对象仅仅局限于美国。

4. 释放消费者的购买力

从巴黎大街上的老佛爷商场到蒙田大道上的LV专卖店，从波尔多到博恩（勃艮第）的名牌红酒专卖会，我们都能看到中国人的身影。只要有机会有钱，中国人就会成为疯狂的买家。中国人迅速成为法国奢侈品和豪华商场的最大客户。中国人还是法国高档红酒的最大外国买家。他们还是有"品位"的消费者，他们说猪脚和圣艾美浓红酒搭配地恰到好处，鸭舌和玛歌山庄红酒配在一起感觉非常棒。一些中国人喝起法国珍贵的高档红酒都是一口干，或是掺着冰块来喝。所有的世界顶级奢侈品产商都知道他们的新的致富圣地在哪里，那就是在中国开越来越多的店面。

 中国傲慢？ L'arrogance chinoise

古奇的总裁迪马可常说："中国人一进店就说，'别以为我是中国穷人，快把你们这里的好皮子、好货和好看的都拿上来'。他们都买我们最贵的鞋，通常是鳄鱼皮或蛇皮的。"

　　对于这些新的环球旅行者，旅游的意义就是购物。自从 2000 年后国外游逐渐放开，现在已有越来越多的旅游目的国（现在有 100 多个），国外旅游开始疯狂的增长。2001 年，到国外旅游的中国人有 700 万，到 2009 年，这个数字攀升到 4200 万，七年间增长了六倍。这是中国人渴望消费的另一个明证。我们说狂热的黄种人，不如说是狂热的购物狂。中国的消费者只需稍稍释放他们的购买力就能带动大量的消费。而释放消费者的购买力，正是北京的重大挑战。

　　过去 30 年的经济增长使中国受益良多，平均购买力也增长了十倍，而过去十年间，仍以每年 8% 的速度稳步增长。世界上没有任何一个国家有这样的成绩。中国人均肉食品消费量增长了四倍，人均鸡蛋消费量涨了八倍，人均牛奶消费量涨了十倍。15 年前还不存在的中国汽车消费市场，在 2010 年已经成为世界第一大市场。然而，中国的消费者却没有在无与伦比的经济发展中获益太多。中国的消费者一直像贫穷的家长舍不得花钱，现在轮到他们上场了。

　　国际货币基金组织历来以其世界经济的严父之名而著称，通常会对各经济体进行告诫，要遵循规律行事、厉行节俭、甘于奉献，从来不说别的。像过去对阿根廷、匈牙利、中国香港、冰岛，最近对希腊、葡萄牙、英国、美国，

第三部分　惊恐的巨龙
Le Dragon a trop peur

国际货币基金组织就说一句话"勒紧裤腰带"。不合常理的是，今时今日，世界经济的棍棒严父却对中国人说着完全相反的话，"别捂着了，敞开花吧"。2010年夏天，国际货币基金组织的最新报告敦促北京方面推动民众花钱消费，任由民众尽情购物。不合常理只是表象。事实上，国际货币基金组织并不是着意苛责求全，这并不是其职责所在，尽管人们印象一贯如此。国际货币基金组织与一切形式的过分行为作斗争，对于一切可能危及世界经济安全的行为加以制止。道德不在于节欲苦行，而是注重平衡。如果说现在美国（借贷消费过多）带来的不平衡已经让国际货币基金组织忧心忡忡，另一头一个对等的不平衡，也是非常不健康的，就是中国存钱太多，消费不够。

事实上，中国全体都动员起来搞出口贸易，很久以来都忽略了他的消费者群体。为了照顾企业，甚至非常干净利索地改变了劳动者劳动价值的地位。剩余价值和生产产品的分配，工资和企业利润，常常是法国激烈讨论的话题。两个阵营观点通常十分对立，都认为自己很有道理。一部分人认为这种分配越来越有利于大资本家，另一部分人则认为有利于劳动者。事实上，长期以来，在法国这种分配并没有根本上的转变，没有像其中任何一个方向发展。事实证明这种分配方式异常稳定。相反，如果说近几十年来，在某一个国家，分配方式不断偏向大资本家，而不是劳动者，那这个国家就是中国。根据中华全国总工会的统计数据，在80年代初，劳动者收入占总体收入的56%，而在

 中国傲慢？　L'arrogance chinoise

2005年劳动者收入仅占36%。20年间，劳动者收入下降了20个百分点，而企业收入却增加了20个百分点。中国的所有经济政策的目的就是把家庭收入大规模地转移到企业中去。中国的家庭忍受着低收入、高赋税、不健全的保障体系和收益极低的存款利率。而依靠支付给工人的低工资、税收、分红、低价的融资和被低估的货币，中国企业获益丰厚。最近我们很少能看到一个国家的政策如此优待资本家，尤其是大资本家、国有企业和在华投资的跨国企业。共产党如此行事的确有些惊奇。然而，这都是为了一个伟大的事业，工业革命的开始。

　　这一超级资本主义战略的确使企业变得富有，发展起来，进行投资，但有时却有些过头了。被这一政策掏空了钱包的中国家庭，无力得偿所愿地消费了。劳动者收入流向企业，使投资相对于消费，占得了先机。道路、大坝、工厂被建了起来，而幼儿园、超市和服务场所的建设却被忽略掉了。投资固然是经济腾飞的必要前提，但同时也成为能否持续航行的阻碍因素。2010年，中国家庭消费仅占国内生产总值的35%——十年前这一数值占45%。这一比例绝非典型。在欧洲，家庭消费占国内生产总值的50%，在美国这一比例达到了70%！中国努力工作是为了出口和储蓄而不是为了消费，不仅对于中国，而且对于世界，这一切都难以为继。中国人应当消费。这对于中国所应采取的新的增长机制而言是至关重要的。中国应当扭转局面，将劳动优先于资本。按理说，这对于共产党，这个属于劳动者的政党而言并非难事。可实际上，在过去的30多年中，这个党和国家一直致力于为企业服务，朝令夕改对其而言也决非易事。

5. 富士康，改革先锋

于是，该如何刺激中国人去消费？让我们来预想一下君王，更确切地说是皇帝的想法吧。一个企业家，一个台湾人已经着手在集团内部实施一些方法，而中国也应该在大范围内推广这些方法。这个人，这位改革先锋，叫做郭台铭。作为富士康的老板，中国现今最大的工业大亨（坐拥一百万员工！），郭先生没有疑虑。富士康是全球制造业的基石，他却在2010年受到员工、投资者和媒体的唏嘘。之后他曾说道："我相信，中国在今后20年不会遇到一个真正的竞争对手。"富士康，不是诺克斯堡，而仅仅是中国的缩影，世界工厂的一小部分。

起初，郭台铭是台湾企业家。1974年，这个雄心勃勃的年轻人在国民党统治的岛屿开了一个小电子连接器厂——鸿海精密工业。企业上市之后，开始迅速腾飞，为美国和日本的大客户做大批量的零部件。80年代初，郭台铭看到了一个巨大的利益，即跨越海峡向北方大哥（大陆）

 中国傲慢？ L'arrogance chinoise

那里转移制造电视机和随身听。大陆的制造业更便宜，更便利，而且更高效。随着"亲商利商"改革的推出，邓小平同意在距香港几百米的地方建立了一个向外国资本敞开的区域，打开了一个突破口，深圳特区于是建立。郭台铭伊始便加入其中。他在深圳落户，开设分公司。富士康，如同中国一样，实现了快速发展——销售额每年以30%的速度飞速增长。那时候，深圳还是一无所有。为了招收内地工人，且向他们提供微薄的薪水，郭台铭实现了从无到有，在不毛之地建立了乡镇，真正的城市。宿舍，食堂，工人活动场所，医院，在深圳龙华的"福克斯城"的工人将要突破27万。与我们的温德尔城或者米其林城完全一样，或者差不多一样，50年之后，在汉语区完美再现，而且没有教堂的钟声！富士康为全球老大们（苹果、惠普、戴尔和任天堂）装配着iPad、手提电脑和其他游戏配件，郭台铭迅速成为世界排名第一的电子制造商。

2010年初，这位巨人累了，在35年征战之后，打算退休。在他的个人生活中，悲剧上演，妻子突然病逝，然后是其中一个儿子。60岁时，这位巨头梦想开始新生活。他最近刚刚再婚，新婚妻子是一名拉丁舞的专业舞蹈老师。同时，他也在积极地准备继任者。而企业内部，其他悲剧随之而来，一系列自杀事件、罢工，这都归咎于他的规划。一个沉重的报告展示了他的那些工厂像真正的工作军营地一样，而为了救活工人，也为了改造这个总给人震撼的大老板，在郭台铭的工厂里，不应再有野兽思想。企业者回

来自《世界报》前社长的「盛世危言」

到深圳,坐在他朴素的小办公室里,再一次作出了艰难的决定:30年的发展之后,他的企业必须转型。五年之内,扩张和增长仍在继续,他宣告说,工人即将突破150万。但是,从今往后,增长必须通过其他途径:提高工资,减少沿海的集中化安置,向国家移交某些社会职能,最后是使活动多样化。这四条道路,同样是中国为确保能够继续前行在全国范围内所探寻的道路。

郭台铭的首个决定:工资。面对团队成员的要求,他让步了。从2010年夏季起,富士康的老板宣布全体员工工资集体翻番,原先的工人工资是每月1000—2000人民币,约合250欧元。总理温家宝对此给予赞赏。不久之前,总理也让本田的老总吃了一惊,这个日本汽车制造商是中国市场的另一个常客。本田同样面临着企业内部的罢工运动。"您不觉得您的工人工资太低吗?"温家宝向他稍稍一提。这确实是他多年以来第一次听到一位中国领导人……保护工人啊。那天,本田的领导者尤其明白了他们必须在更高层面上满足罢工者的要求。回到根源上讲,是为了党吗?或许。更深层次上讲,是为了中国。经济方面,涨工资成为时下的关键之一。低工资,或许曾是中国的动力,而现在已成短板。中国真正的动力,应该是国内市场——为此,涨工资是唯一且最好的途径。

最发达地区出现的第一批用工荒自然而然导致了劳动力市场的压力。用工荒首先出现在沿海大城市,从北方的大连到南方的上海。受过良好教育的劳动者比他们的父辈

 中国傲慢？ L'arrogance chinoise

挑剔的多。提高工资显然出于一种政治意图。美国汽车巨头亨利·福特早在20世纪初就认识到，想要人们买他的汽车就必须提高工人的工资，这样他们才买得起汽车。整整一个世纪之后，郭台铭和中国的领导人用他们自己的方式表达了同样的认知。工资提高了，中国人才能更多地消费，国内市场才能为国家经济发展作出更多贡献。

虽然每个省区的最低工资标准虽有不同，但是都已有大幅提升。在过去的五年中，最低工资标准至少翻了一番。这是消除低薪的第一步。但是中国并不会因此而立刻失去她在劳动力成本方面的竞争优势。尽管中国的劳动力成本一路走高，但是跟西方国家相比，中国的劳动力依然廉价。十年前，中西劳动力成本比例是1∶30，现在是1∶15甚至1∶20，依然有差距，廉价劳动力模式并未结束。以后的许多年，中国依然要靠出卖廉价劳动力来吸引外国企业。但是中国不想再做低薪国家，这是对的。为了继续发展，中国必须改变发展模式。美国或者"台湾"的纺织企业将工厂迁往越南或者孟加拉国，因为那里工人的工资还没有上涨。对此，中国并不感到悲戚，毕竟风水轮流转。

因为被迫提高了深圳工人的工资，郭台铭不打算再把鸡蛋放在同一个篮子里。很快，他宣布了工业革命的第二个方向：将一部分企业转移。他打算在越南建立一些生产线，重点计划在中国中部和西部扎根发展。成都是四川省省会，距离深圳4000公里，与内陆所有大城市一样，成都是一座迅猛发展的城市。当地政府成功地说服了郭台铭，

第三部分　惊恐的巨龙
Le Dragon a trop peur

他打算把新的工厂建在配备了最完备基础设施的新兴工业园内。计划投资35亿美元，创造成千上万个就业岗位。郭台铭还计划在湖北省会武汉和河南省会郑州建厂，河南是中国人口最多的省份，武汉和郑州也是两个经济腾飞的城市。如今，富士康是一个沿海企业，沿海是中国最富裕最发达的地区，也是富士康的工业革命起步之地。现在富士康只有20%的工人在内陆地区工作，"这个数字两年之内将达到50%，五年之内将达到66%！"谈到西部大转移时，郭台铭兴奋地说。

促进工业化革命向中西部省区转移，借机推动城市化进程，这是提高工资和扩大消费的另一条途径。富士康将为这一进程作出贡献。这也是中国多年来面临的最严峻的挑战之一，中国做到了。2008年的经济振兴计划以及这一计划带来的基础设施建设成为这一进程的加速器。从2000年起，远离东部沿海的中国内陆地区的经济发展速度令人叹为观止，其中城市化进程最让人惊叹。"把乡村变成城市"，政府听从了法国幽默作家阿方斯·阿莱斯的建议。每年，2000万—3000万的农民加入城市大军，有像重庆这样拥有3700万人口的大城市，也有其他小一些的城市。1980年改革开放初期，城市人口仅占全国人口的五分之一。如今城市人口占全国总人口的45%。到2015年，中国将有一半人生活在城市。急剧的人口变迁并不是一件容易事，要经历一番政策上比较敏感的"户口"改革，这一政策已经实施了50多年，目的是为了控制人口流动。一个农民如果

 中国傲慢？ L'arrogance chinoise

离开农村去城市定居必须获得"城市户口"，这样，当他在梦寐以求的城市定居之后才能享受基本的社会保障。城市希望控制发展的进程，所以发放户口的名额十分有限，这使得大批农村移民缺乏保障。到目前为止，中国已有220个人口超过一百万的城市，而欧洲只有35个。

以合肥为例，合肥是安徽省的省会，安徽是中国最贫穷的省份之一（约有6700万人口），而合肥是靠中央补助发展起来的众多城市之一。安徽的农民离开自己的土地来到城市找工作，他们是上海的城市建设者，他们都来自于这个距离东海岸400公里的地方。如今，这个省份也开始发展，找工作的年轻人不再愿意为了外滩的光芒和东方巴黎的堤岸而离开家人。合肥已经不再闭塞，过去坐火车到上海要八个小时，现在只需三个半小时。一座大型机场也已建成，人们很容易就能认出来：它的形状像一条鱼，而为散步者整理规划的池塘则像一只天鹅。城市有工业区，还有两座三十层高的塔楼作为大型行政中心。作为经济活力的标志，刚把行长派驻香港的世界顶级银行英国汇丰银行也在合肥设立了分支机构。像在数以百计的其他迅猛发展的城市一样，西方零售业巨头法国家乐福、美国沃尔玛和英国乐购多年前就将他们的超市开进合肥。

如果继沿海之后，内陆工资也随之提高，郭台铭打算借此时机提升企业的档次。与中国一样，以前富士康就是一个普通的组装企业。郭台铭计划把它发展成一个集销售、外包、创新于一体的多元化企业，也是中国的规划，这也是郭台铭企业革命的第三个要素。富士康将用大型机器取代人力完成生产中最繁复的任务。同样，中国也将加速自动化取代一部分手工生产。富士康将继续服务于世界电子产业，但是今后也将在中国，在自己的商店里销售一部分自己的产品。为此，郭台铭已与德国巨头麦德龙建立合作伙伴关系。他承诺在2011年底之前在上海建立11个大型中心，并建立几百个数码广场，在其他城市建立规模稍小的店面。目前，他还在酝酿许多其他计划。

对于郭台铭来说，最难作出的决定不是提高工作效率，不是向成都转移工厂，也不是向新兴精密产业扩展，而是下决心拆除富士康城。这座城区是20世纪80年代在政府的建议下兴建的。由于工业改革初期的家长式管理模式，富士康不得不负责其深圳龙华城中所有员工的住宿、吃饭和医疗问题。当然，企业只用最经济的方式，宿舍、食堂和医疗条件都很艰苦。企业替代了政府未能履行的职能。如今，郭台铭决定放弃这一部分职能。为了在新的发展阶段保持竞争力，他想专注于专业方面而不是其他方面。他说："我们要将社会职能归还给国家。"这是郭台铭改革的第四方面。这又涉及到了国家另外一个至关重要的部分，即在全国范围内建立起一个真正的社会保障体系。如果不建立一个最低限度的覆盖生活主要风险的社会保障体系（如失业保险、医疗保险、退休金等），扩大内需只能是空中楼阁。

中国人之所以如此热衷于存款，如此精打细算，是因

 中国傲慢? L'arrogance chinoise

为随着毛泽东时代政权体系的终结,所有社会保障都发生了剧烈变动。当人们生病时,必须付得起看医生和买药的钱,其中包含了大量回扣,想少花钱是不可能的;如果丢了工作,不可能得到任何形式的任何补偿;如果想送孩子去上学,上大学,有时甚至是国外的大学,都需要花很多钱,非常昂贵。如果想让中国人消费,必须要尽快建立一个最低社会保障体系。这是激活内部市场和转变增长模式的最重要的条件之一。中国政府很清楚这一点,但是不能毕其功于一役。行动已经开始了很多年,人们到处建设学校、医院和养老院。定期进行新的改革,用以加强工薪阶层的权利和保障。解雇员工不像以前那么容易,社会救助的种类比之前更多。最近几年,诉诸法律途径解决的社会纠纷急剧增加。然而,这些行动虽然涉及面广,但是进展十分缓慢。医疗就是一个很好的例子。如果你是中国人,除非你无条件信赖传统中医,否则最好不要生病。2000年,世界卫生组织指出,中国的医疗体系是世界上最低效的医疗体系之一,在191个国家中排名第188位,同时,也是最不公正的医疗体系之一。十人中只有一人享受医疗保险,约有五分之二的病人得不到救治。即便那部分享受到医疗待遇的人也要支付一半以上的治疗费用,至于药品则需要支付更高的比例!从十年前开始,情况有了改善。比如2009年,中国实施了一项投入约合1250亿美元的国家三年计划(2009—2011)。飞利浦医疗器械部门的相关人士罗纳尔·德隆评价说:"国家在医疗基础设施和高科技设备上的

来自《世界报》前社长的『盛世危言』

第三部分　惊恐的巨龙
Le Dragon a trop peur

投入是前所未有的。"这是专家的评论。如今，医疗卫生条件稍有改善。四分之三的中国人纳入基本医疗保险体系，但是医疗质量仍然不高。在世界卫生组织的报告的排位中，中国依然处于末尾的位置。

当中国人拿到体面的工资，不再为未来而担忧，面对生活的风险（如疾病、失业、退休等）感到安心，存款不再缩水，购买力不再因为货币被低估而被拖累，中国的消费者就会最终觉醒。当30年来以出口为主导的制度基础被摧毁时，中国的消费者就会觉醒。归根结底，中国现在需要的是一场真正的革命（欧洲称之为"社会主义革命"）。尽管有些担忧，但是中国领导人非常清楚这一点。东方巨龙知道必须放弃原来的路，但是不知道未来的路在哪里。

6. 红色旗帜，绿色发展

2010年8月，这个月，北京（1700万人）一个城市销售的汽车数量都比法国（6600万人）全国售出的汽车数量要多：每天2000辆，销售异常火爆。还是2010年8月，北京出现了历史上最长的堵车记录。成千上万的轿车和卡车被堵在北京到内蒙古的高速公路上超过十天，堵车长龙绵延上百公里！汽车一辆挨着一辆，平均行进速度是每小时一公里。仍然是2010年8月，50多个城市监测到的污染指

中国傲慢? L'arrogance chinoise

数创下新高。这一情况引起了中国环境保护部的重视。2010年,中国由此成为了世界第一温室气体排放大国,排在美国前面。这些信息说明中国还要面临另一个挑战,要刺激中国的消费者,还要保证经济总体组织能满足消费者的要求。同时,生产要能够满足需要,基础设施能够满足需求,不能因为滥用地球和环境的资源导致资源加速枯竭。刚刚复苏的消费者可能又会迅速陷入另一种误区,即环境问题。增长体制的改变可以概括为需求的逆转(中国的消费代替了美国的消费),这种改变应该伴随着生产供应结构的深刻重组,由于中国面积广阔,国家必须对此实行严格限制:环境问题出现了。红色政党应该发展绿色经济,这也是让中国忧心的一大挑战。中国领导人当然早就知道保护环境的重要性。他们在哥本哈根和坎昆国际环境大会上疏离的态度并不意味着他们对环境问题忽视和漠不关心,相反,这是他们忧虑的症结所在。他们只是不想那些发达国家强加解决自己国家问题的办法,何况他们自己就曾经严重污染过地球,而且现在依然如故。

继美国福特和日本丰田之后,中国奇瑞就要崛起了吗?历史上,汽车工业一直是工业革命的核心。20世纪初的美国如此,一个名叫亨利·福特的天才推出了福特T系,那是一款独一无二的车型,朴实简洁,工薪阶层负担得起,工厂大量生产了这种汽车。20世纪中叶的日本亦是如此。另一个天才,丰田的创始人丰田喜一郎沿着美国人开创的道路继续前进,他引进了一种新的生产组织模式:精益管

第三部分　惊恐的巨龙
Le Dragon a trop peur

理、零库存和精益供应链。21世纪初，自2009年起，中国成为世界第一大汽车市场（2010年销售汽车1800万辆）。问题是这个新兴的市场能否促生像美国福特、日本丰田那样的新兴巨头来推动汽车产业的创新。起跑线上的竞争者还是很多的，有奇瑞汽车，他们推出了著名的QQ，祖父母那一代人使用的2CV车①，是中国低端市场第一款广受欢迎的家用车型。进入汽车市场仅仅十年，2010年，奇瑞卖出了70万辆车，其中10万销往国外，因为奇瑞在海外有12个组装中心。有吉利，一个因收购瑞典沃尔沃而名声大噪的民营企业。有比亚迪，这个手机电池专家已经将一款混合动力车推向市场，并准备推出100%电动力车型，美国亿万富翁巴菲特持有该公司10%的股份。有上汽集团，这是一家上海的国有企业，与通用和大众已有15年的合作关系，如今他们已将发展目光投向美国。还有很多其他汽车企业，有国企有民企，有大有小，有地方的有国家的，总共超过120家。

在此之前，中国的汽车工业和中国的经济一样，都是建立在国外技术的基础之上。这是这些著名的企业共同遵守的基本契约。奇瑞、吉利、比亚迪、上汽集团、北汽集

---

① "2CV"是"Deux Chevaux Vehicle"的缩写，意思是指两匹马拉的车，堪称微型汽车的鼻祖。其历史可追溯至1935年法国雪铁龙公司决定生产的一种"国民汽车"，当时要求车便宜耐用、便于驾驶、维修方便、能走烂路、能带四个人、时速80公里、每百公里油耗不超过5升。经过四年的努力，1939年9月1日，2CV开始了试生产，首批生产了250辆。只比大众的甲壳虫晚了一年。（参考：百度百科）——译者注

 中国傲慢？　L'arrogance chinoise

团、重庆长安以及其他企业基本都复制了福特模式。这些企业掌握了大规模流水生产线，开始效仿丰田的精益管理。当然，他们还有很长的路要走。但是仅仅模仿是不够的，中国的汽车工业还面临新的挑战，中国的企业不能满足于沿着前人开辟的路前进，而是要寻找新的道路，这个挑战就是超大规模生产的挑战。

低工资时代的终结和国内消费的扩大能够使市场迅速扩张——国内所有市场，包括汽车、家电、电子产品、家政、农产品加工、化妆品和娱乐市场。当然，广阔的市场得益于中国庞大的人口。汽车市场从2005年的500万辆到2010年的1800万辆，这个数字有望在2020年达到4000万辆。但是汽车的人均占有率依然很低——每1000个中国人拥有30辆汽车，而欧洲这个数字是600。这些市场普遍存在一个缺陷，过度依赖于能源、原材料、自然资源，有可能加速环境恶化和温室效应。超大规模生产要求中国经济必须立刻走生态发展的道路。福特甚至丰田都可以忽视对空气质量的影响，而奇瑞则不能。没有其他路可以走，即便有，也是一条未卜的道路。福特开发了燃料发动机，丰田发明了混合动力汽车，奇瑞或者其他中国汽车生产商必须发明便宜的清洁能源汽车。2010年上海汽车展上，重庆长安汽车公司的老板张宝林说："中国过去是跟随者，以后会是领导者。"说话时，他不经意流露出一丝骄傲。跟随者只会模仿，而领导者需要创造。中国想要成为世界高科技清洁技术的实验室。中国已经建设了具备电动汽车、智能

来自《世界报》前社长的「盛世危言」

第三部分　惊恐的巨龙
Le Dragon a trop peur

电网、低耗高能公共照明设备的城市。中国想要成为工业的领导者，事实上她的确应该成为领导者，因为中国是世界上人口最多的国家，她别无选择。

从模仿到创造，想真正越过这道鸿沟并不是件易事。在模仿方面，中国人中有大批擅长此道之人，不管是在汽车行业还是其他领域。技术门槛是当今中国最需要跨过的一道门槛，也是政府最担心的问题。从辉煌的历史来看，中国人懂得创造，但这不是问题的关键，关键是如今的中国人还善于创造吗？申请专利证书是不够的，而是要让专利带来实在的改变。中国不缺创造的意愿。还是拿汽车为例，几年来，为了创造清洁汽车，中国作出了一切努力，甚至出台了一项非常独断的工业政策，不惜代价发展汽车工业。中国想要重新整合分散的汽车产业，以年产200万汽车的世界四大巨头和年产100万辆以上的其他四家汽车公司为目标进行重组。这是经济危机之时，中国在各个领域推行的"国家冠军"政策。国家打算与公私企业家一起投资科学研究。2009年的中国清洁汽车十年计划打算把中国发展为世界电力汽车第一大国。前三年计划投资150亿美元支持16家集团设在北京的科学实验室的研究工作，期待2020年达到生产500万辆电力汽车或者混合动力汽车的目标。2010年，中国在五个试点地区试行购买清洁能源汽车的奖励政策，这些试点地区都是未来可能成为"国家冠军"的汽车公司所在地。

像汽车产业一样，绿色今后将成为各个领域和政策的

中国傲慢？　L'arrogance chinoise

关键词。能源显然是最受关注的产业。中国一直以来过度依赖于煤炭（70%的电力来自煤炭），2009年中国成为世界消耗能源最多的国家，中国实行了节约能源政策，一方面平衡能源的供给，另一方面使用可再生能源。提高能源效率也是中央政府多年致力的目标之一。尽管不买《京都议定书》的账，但是中国在防止全球变暖和防止环境破坏方面一直非常积极。中国的目标雄心勃勃，2005年到2020年之间减少40%的能耗——少消耗、多生产。中国还打算2020年之前，把可再生资源（包括风能、太阳能、生物能、水能、核能）的利用率提高到15%。但是就像汽车产业一样，建筑、水利、交通、农业，这些行业仍然是模仿多于创新，对此中国隐约流露出担忧。"清洁汽车"计划惹恼了丰田公司，他们决定推迟一款混合动力车在中国的上市时间。丰田认为中国还在继续其30年来的发展模式，总是"你们提供技术，我们提供市场"，一直在模仿而不是创新。中国提出条件除非丰田与中国合作生产普锐斯（新款混合动力车型），否则不打算进口这款汽车，显然，中国想要借机迅速掌握技术。因此，除非中国厂商能制造出这种车型，否则普锐斯只能推迟在中国的上市时间。同样的处理方法在其他领域，如清洁能源、风能、太阳能等领域，尤其是在中西竞争激烈的领域也同样盛行。

中国工业也应该致力于吸引本国市场而不是美国市场。但这同样也是不太确定的。中国有句谚语："外来的和尚会念经。"用经济学的方法来解释就是：外国产的东西总是比本国的好。也许中国人是民族主义者，但是其中不乏外国产品和外国品牌的忠实粉丝。所有调查都显示，外国品牌让他们更放心。他们看重外国品牌的形象和产品质量。对于没有品牌的东西他们还不了解。他们讨厌日本人但是喜欢日本的品牌，索尼、本田、松下在民意调查中总是不断被提及。人总是会自相矛盾。如果现在中国每十辆售出的轿车中就有七辆是外国品牌，并不是因为这些汽车需要依靠外国技术，而是因为在中国组装汽车的合资公司明白，如果想要取悦中国的消费者，最好隐藏"中国制造"的特征。

如何赢得国内市场，这是中国工业面临的又一个挑战。国内市场并没有丧失。还是拿汽车为例，中国制造商实行走出去战略，并大肆宣传。他们不再遮掩自己的颜色——红色（中国的颜色）和绿色（环保的标志）。他们贴上自己的牌子。在低端汽车中，国有品牌的市场占有率已经由2000年的20%发展到2010年的32%，2020年的目标为70%。但是中国厂商要说服消费者——他们国产汽车能够提供与外国汽车一样的性能。有些大集团甚至想出来办法：购买一个外国公司或者品牌（如吉利收购沃尔沃、北汽收购萨博），顶着国外的品牌卖自己的汽车。依然是模仿而不是创新。

在其他领域，国产品牌开始崛起。各个年龄层的中国人都穿阿迪达斯和耐克的鞋，然而现在他们却遇到一个强有力的本土品牌——李宁的竞争，李宁已经在全国开了

中国傲慢？　L'arrogance chinoise

8000多家专卖店。李宁是前奥运会体操冠军，他转战运动鞋领域已有20多年，在这个竞争激烈的市场上，他成功占有了市场份额。李宁已经超越阿迪达斯，紧逼耐克。这位中国运动员不乏真正的商业头脑：营销方面，完全不必羡慕西方人。2008年8月，李宁带着他的品牌参加了北京奥运会的开幕式，上千万中国人惊讶地注视着他。为了在这一天露脸，阿迪达斯花了几百万美元，而李宁亲身上阵未出分文。

像当时的福特和丰田一样，奇瑞应该创造自己的汽车，中国应该创造21世纪的工业。如果取得国内市场是他的第一步目标，中国工业还应该着眼于国际。将中国企业纳入世界版图，鼓励它们走向国际化，在海外投资发展，这是工业重组的另一个方面。2010年，外国企业在中国的投资超过1000亿美元，中国企业没有理由不向外国投资。起初，在非洲和中东投资的目的完全为了保证国家能源安全，后来逐渐扩大到那些国家的各个生产部分。

尽管标榜多年，但是到现在为止，这一雄心真正落实却遇到诸多困难，要等到2009—2010年中国对外投资开始发展，2010年将达到500亿美元。即便如此，还是存在很多困难；在开始阶段，中国人打算低调行事，因为他们还不确定自己能否成为最后的赢家。2005年的石油大战中，中海油（中国第二，上市国企）并购美国优尼科公司失败充分说明了这个问题。美国人为了维护自己的国家利益，采取行动成功阻止了并购。这对中国是一个重创。通过这

第三部分　惊恐的巨龙
Le Dragon a trop peur

件事，中国明白了自己让他人畏惧，自己不能急于发表意见，在世界市场上与大企业竞争。但是在其他领域，也有人成功达到自己的目标，比如 TCL 和法国汤姆逊合作、联想收购了 IBM 的个人电脑部分、李嘉诚与蔓丽安奈（Marionnaud）等等，从中可以看出，出高价买来一个外国企业是不够的，还要进行管理。在这方面，也有很多令人失望的地方，真正的文化冲击。西方的企业生活不像中国的那样简单，新的中国老板经常发现他要遵守游戏规则，要尊重员工和团体——比如要尊重小股东，遵循市场透明度原则，有时还要面对工会组织。

现在，中国人说，他们已经从失败中汲取教训，准备重新投入战斗。他们还准备利用西方一部分企业的混乱期进行收购。这次，中海油终于在 2010 年秋天成功收购了美国页岩油气；民营企业吉利公司收购了沃尔沃；中国最大的民企之一复兴国际通过收购股权成为地中海俱乐部①的股东，这些资金还投资过道达尔……现在回到汽车上来。奇瑞早已注意到这一点，也早已做好准备。2010 年，进入汽车领域仅仅十年的奇瑞就卖掉 70 万辆汽车，其中 10 万辆销往海外，因为它在海外 12 个国家都设有组装中心。奇瑞毫不讳言它在土耳其、巴西和西班牙的计划，预计 2015 工厂就能投入生产。在中国，奇瑞已经将一款混合动力汽车和

---

① "Club Med"：成立于 1950 年，是法国最大的度假连锁集团，共拥有遍布全球五大洲 30 多个国家的度假村。——编辑注

 中国傲慢？　L'arrogance chinoise

一款全电动汽车投放市场。公司打算对这两款车进行改进，尤其是降低成本，由于奇瑞采用了超大规模生产，成本得以大大降低。奇瑞以不可战胜的姿态表示，不久的将来人们就会抛弃福特和丰田。设在芜湖的奇瑞公司总部将取代底特律和丰田城。世界各地的管理者纷纷前去参观，想要解开21世纪的工业秘密。

不再做追随者，而做领导者。这是中国、中国制造商和中国工业的共同理想。为了实现目标，必须要创新和开拓市场。成功的道路坎坷而漫长。到西部去——中国工业应该转移到西部最贫穷的地区；走进去——中国应该占有国内市场；走向绿色——中国应该发展绿色工业避免扼杀城市和农村的发展；走出去——中国最终要实现国际化。中国还要给服务业的发展留出更多空间。全球定位系统的订单成倍增长，有时甚至迷惑司机，让驾驶变得更困难。驾驶员假装镇定，在驾驶之前自然多少会有点忐忑不安的。

7. 受到质疑的"非自由主义"

那是一个中央电视台国际频道（CCTV 4）播出的公共谈话节目，由著名的电视主持人主持，播出时间在伊夫·卡尔维的《讨论进行时》和阿尔莱特·沙伯的《判断由你》

第三部分　惊恐的巨龙
Le Dragon a trop peur

之间。几位嘉宾坐在不怎么舒适的凳子上讨论一个时事话题。那是2005年秋天，记得当时讨论的话题是"世界怎样看中国的经济"，背景是我的作品《当中国改变世界》的汉语译本在北京出版。围坐在桌子周围的嘉宾一共有三个人，分别是：龙永图，中国加入世界贸易组织的首席谈判代表（用他谈判对手的话来说，他是个令人生畏的谈判者），清华大学的一位经济学教授，清华大学是中国的斯坦福，名校中的名校，另外一个就是我，本书的作者。嘉宾彬彬有礼，讨论时而开放，时而很激烈。但节目并不是直播。录节目的时间比预计的长很多，本来没有必要那么久。经过剪辑，节目被做成要求的格式——52分钟，剪的恰到好处。但是最终出来的节目已经完全看不出原本的主题：工会运动。

中国的工业革命滞后数百年，但是与过去的工业革命并无太大区别，它们有一个共同之处：所有的工业革命（英国的、法国的、美国的或者其他国家的）都是由对立势力的出现而开始的，包括各个层面的对立势力：劳动者工会、消费者联合会、房客团体，等等。我解释说，这些独立的对立力量在市场经济中是必不可少的，工人应该能够像老板、股东、消费者、房客一样，联合起来维护自己的利益，应该能够自由地表达他们的观点。市场就是利益和观念的撞击。我曾经打赌，中国迟早会有自由独立的工会组织，这对中国经济来说是一件好事。那时，这个问题引起了学术界的讨论。显然，把这个问题拿到公众面前讨论

 中国傲慢？　L'arrogance chinoise

还为时过早。五年之后，2010年夏天，自发组织的要求提高工资待遇的罢工出现在了世界工厂，出现在了本田、LG和富士康的组装工厂。这次罢工不受官方工会的控制，让领导感到十分棘手。所谓官方工会指的是全国总工会，是在企业中联系党和国家的纽带。关于自由独立的工会运动的讨论依然是一个禁忌，却引起了一场更加广泛的讨论，即"非自由主义"，一个专制集权的政治体制，和一个由行政机关正式发起的寻求增长的新体制能否共存的问题。

工业革命初期可能会满足于一个近乎军政的组织，这种情况历史上经常出现。调动一个储备军，把农村的劳动力转移到城市里来，让他们在恶劣的工作和生活条件下做工。如今西方人只会对中国劳动者的工作条件表示不满，却忘记了19世纪国家的北方矿工和孚日纺织工人的命运。在最初阶段，利润先于工资，投资先于消费，因为要建设公共基础设施、购买机器和培训工人。在这个被称为"原始积累"的阶段，国家资本主义与开明专制相结合十分有效：这种体制能够要求人们遵守纪律并为集体利益作出必要的牺牲。这就是如今中国和该地区另一个新兴大国印度的不同之处。从组织方面看，2008年北京奥运会取得圆满的成功，而2010年秋季在新德里举行的英联邦运动会则遭遇彻底的失败。在中国媒体看来，这就是中国体制的优越性，能够集中力量办大事——包括大事的终止和实施。这就从根本上解释了为什么中国比印度发展得更快。在中国建设新的工业区、大坝或者八车道的高速公路不会遇到任

第三部分　惊恐的巨龙
Le Dragon a trop peur

何阻碍，而对印度来说就是个很大的麻烦，因为每次前进之前都要先过工会这一关。

在北京，前任总理李鹏（1987—1998年在任）下令修建了三峡大坝，这是世界上最大最复杂的水电工程。这样的工程在印度是不可想象的，它会遭到省府、种姓集团和利益集团的反对。如今，经过13年的艰巨工程，大坝终于建成，它的发电量相当于四到五个核电站。而在新德里，塔塔集团想要建设一个生产世界上最小汽车"Nano"的普通工厂，因为遭到反对，而变成了一场拉锯战。很多地区拒绝投资，当然每次他们都有合理的借口。

如今，中国想要走出"原始积累"阶段。中国领导人再三重申，中国的发展应该立足扩大国内市场消费、创新和发展服务业。现在发展所需要的不再是早期的纪律和奉献，而是自由和想象力。自由是指消费者的自由、工薪阶层的自由、业主的自由，当然还有储户的自由。想象力是指学者的想象力、企业家的想象力和发明家的想象力。因此，并不是只有在经济领域才存在真正的法治国家，独立的机构才能发展。新增的社会财富分配不应该只造福于国家和企业，还要造福于越来越多的工薪阶层和消费者。而工人和消费者应该更好地维护自己的权利，通过自由的工会组织获得更多的社会权力、言论自由和司法独立。过去30年的增长机制维护的是政党和大企业主（包括国企、私企和外企）的利益，这种体制有时会加重腐败，直到今天还难以根除——这是低收入讨论指出的问题。进驻中国的

 中国傲慢？ L'arrogance chinoise

西方巨头还没有准备好放弃这一利益。他们对政党和政府的游说是很有影响力的。至于中国的企业家，通常他们本身就是党员，甚至是高层，他们毫不掩饰，缺失真正的工会其实是国家的一张王牌。"当中国的企业在海外扩张时，通常一上来就把法国排除在外，因为他们不想听到工会。"一个试图吸引中国企业的法国官员说。

创新不是只来自于国家机器。为创新投入的几十亿人民币还是有用的。但是如今有利于创新的更多是一种精神状态、一种个人主义和绝对自由主义的文化。所有的创新者，从美国的亨利·福特到比尔·盖茨（微软），再到史蒂夫·乔布斯（苹果），或者法国的萨维尔·尼埃尔（"Free"网络），他们都是敢于打破已有规则的改革家，不管是什么规则。尽管苏联人在研究方面投入大量经费，但是整个20世纪，他们没有在任何领域取得任何真正的创新。中国也不会比他们更好。传统服务业（商业、医疗、金融、旅游等）或者新兴服务业（物流、培训、媒体等）的发展也经历了文化变迁。生产力的提高拉动增长，它的发展主要来自于规模经济，即超大规模的生产和更加理性的组织，又不仅仅如此。自由的消费者、创新的企业家和高效的服务业都是学校教育的结果，学校应该教给学生想象而不是重复、创新精神而不是服从组织。然而，中国的学校更多的是教授理论而不是创造能力，中国学生擅长听讲而不擅长发言。"在美国，学校鼓励学生与老师争辩，而我们国家不是。学校还鼓励他们在学校里进行创新，为反战、公民权利或者移民权利上街游行,在我们国家不是这样。"一位在国外接受过教育的中国年轻企业家遗憾地说。服务,创新,知识:这些最终支撑中国经济持续发展的动力要求建立一个法律和制度框架来保障权利,至少保证所有人的经济自由。经历过这么多革命,却没有一个人知道革命与国家21世纪初就开始宣扬的"非自由主义"能否兼容。

* * *

"革新改革",在北京,几年来,中国掀起一场有利于中国改革新阶段的学术运动。为了从复制到创新,从工业到服务业,从廉价劳动力到高科技,继续中国的现代化之路,这股思潮的拥护者认为中国应该掀起一场新的"大跃进"。如果说从政治层面看,这样的讨论是禁忌的话,从经济角度看还是比较开放的。然而,这两个领域的界线越来越被人为地划开,从当今中国的社会矛盾中就能看出这一点。经济的增长,信息技术和对世界的开放程度都使人们的生活更加丰富多彩。在企业、社区或者网络上,人们组织起来讨论或者维护自己的权利。国家和政党渐渐放开人民的权利和经济自由,以利于经济的发展,人们试图从中获益。然而,人民越来越频繁地触及自由的底限,特别是最重要的政治自由——言论和结社自由。

 中国傲慢？ L'arrogance chinoise

在美国和欧洲，主流观点一直认为市场和民主之间存在着必然的联系。如果没有民主就没有真正的市场，反之，没有市场也就没有真正的民主。美国当代思想的代言人，《纽约时报》评论员、《地球是平的》① 一书作者托马斯·弗里德曼在2010年底的一篇评论中表达了"如果中国依然保持集权就不能持续快速发展"的观点，他认为："只要中国人不能得到真正的自由，中国永远不能变成他所希望的以高科技代替廉价工厂的先进的经济体。"中国的改革者还没有到这个程度，他们依然相信新的经济自由和自己领域的发展能够带来持续增长，但是因此去讨论政治自由是不会有结果的。中国希望看到经济自由和政治自由毫不相干，希望能够只发展经济自由而不赋予政治自由。讨论尚未结束，却越来越让人感到不安。

---

① Friedman, Thomas, *The World is Flat*, Farrar, Straus and Giroux, 2005. Trad. fr: *La Terre est plate*, Perrin, 2010.

总结论　与大象共生

2030年夏，清华大学，北京。一位满脸皱纹的中国老教授在质问来自世界各地的年轻学子们。在座听众的肤色就像一页活生生的色彩丰富的贝纳通广告——这个意大利的公司被本地一家人工染料制造商收购。老教授问道："为什么这些强大的帝国都以失败而告终？"他又一个接一个地数落："古希腊，罗马帝国，大英帝国，还有最近没落的美帝国……"沉默片刻。老师话音又落："他们都犯了同样的错误。这些国家否认构建其伟大的原则。"他们相信自己，而且过于自信，结果一个接一个地表现出傲慢自大，而每每这种傲慢恰是其开始衰落的征兆。大学教授就这样详细地描述近几年美国的统治，谈到小布什和雷曼兄弟（与银行同名）时代的美国，倚仗美元占统治地位的优势，凭借其技术，主导企业和大学，自以为可以为所欲为。美国随心所欲地操纵着美元，先进的技术确保美国在金融、空中和互联网等领域占据绝对优势。美国认为凭借其实力强大的企业，可以把自己的法则强加给各个国家而无需顾及他国的文化。"傲慢自大戕害了这个帝国……"智者如是地娓娓道来。在多功能厅里，一些学生交头接耳说道：在美国背后，这个优秀的共产党员，感念旧时光的

 中国傲慢？　L'arrogance chinoise

老教授在说的难道不正是中国吗？比喻的艺术是中国汉语里一个悠久的传统。

"保持冷静的头脑和低调的形象……从不企图称霸但是要有所作为。"在此原则即邓小平给他的同胞提出的这条建议之上，中国近30年在现实中成就了她的强大。而今日之中国正在背弃这条原则。命中注定。她在继续并且肯定要继续有所作为，而且是前所未有的：成百上千的绿色城市、超强的巨型计算机、超高速火车、充斥戈壁沙漠的风力发电场和太阳板区域，去月球、火星或其他星球旅行。但是面对很难从大萧条中脱身而出的衰退的西方世界，考虑到保护自身利益，中国不再掩饰她的意图。20世纪80年代初，共产党领导人还叮嘱国人要"韬光养晦，等待时机"。在世界大钟上（当然这钟也是中国制造），指针超速运转。今天的中国认为钟声响起，她的时刻已经到来。在西方，还在不久前，人们带着几分优越感地说中国已经成为"世界工厂"。在次贷危机爆发时，中国树立起大国威望，成为银行家、实验室。明天，她将要成为为西方制定标准的处所和创新工厂。她将要重新成为世界第一大经济强国。对于此，在21世纪之初，中国深信不疑，即便是在面对过渡时期的不确定性她不能完全掩饰她的焦虑。有那么多影响其活力的威胁，有那么多影响其政治经济体制兼容的不确定性。21世纪之初的中国傲慢是这种双重矛盾的映射。

现在没有人会预言将要复兴的中国会更加谦虚，恰恰

来自《世界报》前社长的『盛世危言』

总结论　　与大象共生
Vivre avec l'éléphant

相反，中国越是向前发展，似乎越是忘记了促使她前进的是节制和倾听别人的建议。即使长期来看她的扩张脚步可能放慢，甚至受阻，然而，在未来十年她还会以一贯的速度向前发展。来自于更加现代化更加自信的一代人组成的领导班子准备在2012—2013年接管党和国家最高领导权。这个领导班子心无疑虑，致力于让中国成功过渡进入理所当然的行列，引领中国成为世界经济第一强国，排在美国之前，富于多样化的西方学者把这一前景定在2019—2030年，即20年后。中国会继续向世界表明她的"和平崛起"的方针，同时她也清楚地知道在历史上占统治地位的强国很少是通过和平的方式实现其领导权。

罢工、危机和沙尘暴阻挡不了未来几年中国实力继续增长。即便其两台主要的发动机（人口和出口）开始有些疲惫，但是它们还在继续运转，不会骤然停止。另外两台发动机（创新和内需）实力难以攀升。中国需要在国内进行深层的变革，尤其要重新审视运行了30年的国家超资本主义。为了从"低成本"走向"高科技"，从"全进口"到"自力更生"，从照抄到创新，从工业转变到服务业，为了以质量而不是数量取胜，为了最终跻身于世界发达国家之列，中国需要的是一场"社会主义"革命。"法治政府"要取代"党领导的政府"。生产的财富分配要均衡，要有利于消费者，也要更加公平。建立真正的社会保障。国家领导人意识到这些事必需要做。他们以此为抱负。然而，他们不确信现行专制、集权、把党等同于政府的政治组织会

 中国傲慢？ L'arrogance chinoise

有利于国家顺利过渡。既然如此，国内市场的发展，虽说处于开始阶段甚至有些困难，它必将改变新的形势并且增强中国国力。在一定时期内，它的强势在于低工资低成本。而将来并非如此，中国的强势在于其市场的规模和活力。她盘算着要把她的市场"卖"个好价钱。

　　中国会继续成长强大。在毛泽东领导时期，他喜欢被人称做"伟大的舵手"。他的继任者邓小平也乐得被世人称做"小舵手"。当然，两位领导人首先在外形上是有区别的。毛泽东是一个真正的巨人，而邓小平则身材不高。除了身高、野心抱负以外，二者的区别还在于作风不同。毛泽东不会掩饰他的优势：他是无产阶级革命的倡导者。邓小平更能忍受做下属的感觉。他嫉妒外国对话者的富有，想要改变自己同胞的命运。毛泽东专断教条，自信，是个统治者。他有他高傲的方式。邓小平是实用主义者，即谦虚又善于倾听。前者擅长的正是后者要学习的。习近平将于 2012 年末逐渐取代现任主席胡锦涛成为未来中国的领导人，从身高上来比较，他更接近于毛泽东，而不是邓小平。我们不会就此下结论说从形式到本质，从前的毛泽东主义又回来了。然而，新一代领导人的到来，自改革之初以来，20 世纪 50 年代生人的第五代国家领导者可能会使"帝国"前进的步态更加充满自信。

　　这已是注定的，早有预见的，没什么可惊奇的：现在领导中国的一对搭档胡锦涛—温家宝将于 2012—2013 年冬卸任。政权会以精心组织，提早安排，操控有力的形式顺

总结论　与大象共生　Vivre avec l'éléphant

利交接。未来的这两位当权人，习近平和李克强已经开始接受两位即将离任的领导人的测试。国家头号领导人习近平在2012年秋将成为党的总书记，2013年春当任国家主席。此次变动不仅局限于最高领导人的更换：原则上讲，领导这个国家的九个掌权者即中央政治局常务委员中有七个要交出权力。如果在角色分配上有很小的不确定性，有一点是可以绝对肯定的：在中央政治局常委这个中国权力塔尖上没有一位女性。男女平等还没有被提到日程上。然而，这次过渡正如每次更迭一样，在党内引发非常激烈的争论，有时在封闭的会场内进行讨论的一些内容也会走漏风声。30年来，"邓小平主义"的两大轴心即自由化与开放成为持久的辩论主题。在经济层面，为了面对世界大萧条，共产党已有些不太关心，甚至在事实上反对自由化和开放原则。随着国家的复兴和民族主义的升温，这两条原则已被动摇。争论更多地涉及两条原则应用到政治体制功能上。2010年夏，在邓小平发起改革的象征之地深圳，正值免税区30周年之际，温家宝在那里的讲话表明在这些问题上还有真正的分歧。温总理借此机会宣称支持邓小平的方针，继续深化改革，既而扩大到政治层面和制度的民主化。"如果不坚持走改革之路，我们将会直接遭受损失"，温总理一字一句地援引中国工业改革之父的话作为总结。他具体阐明中国在这条复杂的道路上要跨越几个里程碑：中国应该更多地让国人参与到国家经济和社会事务的管理；依靠国人的力量解决因权力过于集中导致的问题；抵制腐败，建

 中国傲慢？ L'arrogance chinoise

立一个法治国家以保护最普通的民众并给大家带来安全感和信任感。温家宝的讲话和讲话被封闭的命运（新闻媒体很少报道）证实了存在于共产党高层的关于"非自由主义"和中国需要强有力的新体制之间的协调与兼容的争论。

无论怎样，中国未来的领导人具有他们这一代人的面貌，而他们的面貌也决定了其国家对于外部世界的态度。近代的欧洲历史以恢弘的气势表明这几辈人对于事物发展进程的影响。欧盟在经历过第二次世界大战的一代人——吉斯卡尔、施密特，特别是密特朗和卡尔领导下向前进步。而当希拉克、施罗德，尤其是萨科奇和默克尔这一代掌权之后，"二战"仅仅是他们一个遥远的回忆，在他们的领导下，欧盟停止了前进的脚步。遭受过屈辱的中国，在经历过饥饿和苦难的一代男男女女的努力下得以重建。她的新领导者是经历过工业革命的孩子，而工业改革使这个国家不可阻挡地攀升为强国，这赋予他们一种其父辈所没有的自信。

中国未来的国家领袖习先生是何许人也？说真的，中国老百姓对这个问题一点儿都不感兴趣。俗话说得好："山高皇帝远。"总之，他们对这位在未来十年要领导中国的人物知之甚少。况且，他们不是很喜好这方面的新闻。一般的老百姓对他的夫人可能更了解一些。彭丽媛，中国的"卡拉·布鲁尼"，中国人民解放军部队歌手，家喻户晓。虽然习近平乐得表明自己出身低微，但实际上就像今日人们对他的称呼一样，他是"亲王之子"。他的父亲，习仲勋

总结论 与大象共生
Vivre avec l'éléphant

在20世纪80年代就成为邓小平的得力助手，是邓小平手下的一名副总理，也是当时伟大的经济改革的建筑师之一。因此，自打习近平出生那一天就成为北京精英层的一分子，是国家领导人子女中的一员，而这些领导人在国家高层影响力正在日益扩大。因此，他能够在优越的环境生活，进入名校学习。他是化学工程师，在他的阅历中，曾经领导过两个富庶的大区（福建和浙江），这是中国的两个沿海省份。毫无疑问，与那些内陆省份的苦难相比，他更了解活跃在这些沿海地区的西方商业贸易。他曾经负责监管北京奥运会和共和国成立60周年庆典活动，并表现出作为组织者的杰出才能。相反，人们不太了解他的信仰，如果他有，也是经济和政治层面的，而不是因为想要往上晋升。

习近平、李克强，年龄都是60岁左右，他们将要领导这个国家，他们属于新一代人。与其父辈不同，他们既不了解毛泽东，也没经受过大饥荒，仅仅是远远地经历了"文化大革命"及它的恐怖。他们还不属于"小皇帝"这一行列，中国的小皇帝是30年前独生子女政策的产物，他们年纪轻轻，野心勃勃，在美国或欧洲的大学接受过教育。习近平这一代人不再像前任者们那样具有丰富的战场经验，尤其是他们对于权力一极的人民军队知之甚少。他们出身于工程师，也可能是法学家或者经济学家，根据前任《金融时报》驻北京记者理查德·马利德撰写的《中国共产党》一书中的描述，与上一辈人相比，他们身上更具理论家和专家治国的特性。他们不像父辈那样面对世界其他国家领

 中国傲慢？　L'arrogance chinoise

导人时怀有自卑感。他们的同辈人在国家事务中已经掌权，而这些人正是达能的里布父子、新闻集团的默多克、通用的伊梅尔特、谷歌的斯密特和西门子的罗旭德已经不得不面对的人。在对外关系中，他们最终可能表现得比他们的前辈更加自信、更加强硬。他们对待中国民族主义或者说他们可能再制造的民族主义的方式是具有决定性的。

巨兽越肥硕，它就变得越自信，最终它会跌倒……受老教授的启发，那些经验丰富的西方专家肯定无疑地打赌未来几年"帝国"将要衰落。青蛙想要变得比牛更大——人们知道那后果是什么。按照这种远景来看，这些专家有自信和快慰的理由。其实则不然。中国经济今日还占据重要的地位，即使她衰落也会把整个世界经济拖下水。"大而不倒"——太庞大了以至于不会垮塌。借助这句名言，次贷危机让经济学家知道一种代价高昂的"体系风险"理论。随着2008年9月美国雷曼兄弟银行的倒闭，那些怀疑经济科学的人看到了"体系风险"这幅真实的画面。人们借此看到了一个大银行的倒闭给世界经济带来的影响就如同中子弹在空中爆炸一样。牵一发而动全身，一方面是经济上的，另一方面是体系本身。各国间也是如此。冰岛或爱尔兰的灭亡不会威胁到世界经济，反倒是"中华帝国"的没落有可能招致全球的灾难性的后果。因为中国已经成为世界生产链上的主要环节，全球大部分经济活动的主要出口和金融流通的决绝参与者。即使中国的强大使西方世界感到很痛苦，也要比其他状况要好一些，特别是比某些人想

总结论　　与大象共生
Vivre avec l'éléphant

要看到的提早崩溃要好得多。

在2001年允许中国加入世界贸易组织的同时，西方实际上是把一个新来的巨人带到了世界市场里，——就好比把一头大象带进瓷器商店（比喻粗手笨脚干细活）。西方知道这其中的风险。十年过后，再来质问那次选择是否合适已经太迟了。对于大象是否会离开，那么多的泡沫将要不可避免地破灭，把大象打倒或者让它出局这些问题进行打赌也无意义了。预言家的这些不恰当的赌注总是以失败告终（在伦理道德方面，怎么能够想要结束在一个巨大的发展中国家扩张的脚步呢？）。这些语言专家没有理由在将来再一次这样做。但是现在的问题是如何更好地与这头体积越来越大也是越来越自信的大象共处，如何避免砸碎瓷器店里太多的东西。

大象进入了瓷器店，只好陪它玩儿了。避开它是不可能的事。中国拥有13亿消费者，其购买力在未来五或十年将以每年10%的速度递增。中国就像一块前所未有的含有巨大能量的磁石，任何一个国家、任何经济或任何企业都不能轻视它，哪怕这可能是不吉利的。中国的市场不是"中国朋友"曾经想象中的那片黄金乐土，但是别处就有经济黄金国了吗？中国市场是世界范围内最大的，也是最难缠的。它将会越来越大，也更艰难。一些实力强大的国有经济实体在政府和本国消费者的支持下将要参与竞争，重新夺回它们的内部市场。同时向世界延伸。进攻只是刚刚开始。

 中国傲慢？　L'arrogance chinoise

西方喷气式飞机、核电站或者私人汽车制造商不能对这个世界第一市场摆架子。他们别无选择。不久的将来，他们更不能拒绝作为股东的中国人。对于像空客、波音、阿海珐、西屋、标志、尼桑或者威立雅和苏伊士这样的集团公司，他们都必须把中国考虑在内。在药品、旅游或保险这些领域也势必如此。赛诺菲－安万特制药公司、安盛保险集团或者阳狮广告传媒这些法国大集团公司由于业务需要而涉险其中。汽车和航空业分包商或者波尔多酒、勃艮第酒和香槟酒制造商都希望借助中国的大市场恢复生气和活力。所有人都冒着掉入中国设计的陷阱之中的危险。中国能够把自己的条件强加给这些冒险的人——要么是技术转让，要么是使产品适应中国人的口味和颜色，或者在别处托管控制。这是大数定律的一种表现形式。

为了避免掉入陷阱，至少要事先预料到这些陷阱，这里当然有个先决条件，那就是了解巨兽，要非常了解中国的历史、文明和她的习俗。显然，中国对于西方来说是戴高乐时代提及的"复杂的东方世界"的一部分。她承载着不同于我们的丰富而多样的文化。当问及曾任法国驻北京大使的保罗·克洛岱尔对于中国人的印象时，他的回答很简练："我不是了解他们所有的人。"这句俏皮话不失中肯之处。当然，中国有句与这个意思相对应的谚语："盲人摸象，以偏概全。"因此，想要了解全部及其复杂性，就要保持一定的距离。那些在中国工作的人习惯说一句话："不是一个中国，而是有几十个中国。"

来自《世界报》前社长的「盛世危言」

总结论　与大象共生
Vivre avec l'éléphant

想要跟大象游戏，就要了解它，不要阻挠开发新的游戏。中国与世界其他国家不应局限于这种单纯的买卖活动、产品或技术交易。新的互补性开发合作无疑是要考虑的事情。地中海俱乐部（Club Med）与中国当前巨人复星集团（Fosun）在房地产、物流、工业和媒体业的联盟就是一个例子。私人企业集团复星（中国最成功典范之一）注资进入法国娱乐业俱乐部（大约10%的股份）使得由亨利·吉斯卡尔·德斯坦领导的企业很快在中国建立第一批旅游度假村——该企业的原则是起步阶段每年建立一个度假村。复星也帮助他在中国范围内推销其品牌。当大家知道中国很快要成为世界旅游业第一大市场时，这样的合作是不容忽视的。"我打赌说这个俱乐部将是无可比拟的。"法方老板在亚布力中国第一个滑雪度假村建成开业庆典之际如是评论道。许多企业走的另一条路子就是与中方伙伴合作开发国外市场。法国的道达尔公司就与中国最大的石油生产企业中石油（CNPC）在委内瑞拉和伊朗有合作开发活动。再举另外一个例子，这也是有待开发的新型互补合作的案例之一，这个企业规模虽小，但也是野心勃勃。一个叫弗朗索瓦·尚博的阿尔萨斯小伙子想出一个企划，他的想法是在法国让所有的人或者几乎所有人都能实现量身定做衣服。这个新企业主以他的新作坊为核心打造了一个神奇的三角式的经营模式：在巴黎的"Saint - Honoré"这条繁华的大街开了一家店铺，客人可以在那里通过激光探测仪量定尺码，在阿尔萨斯的米卢斯有一个老板办公用的设计室，

C'est《l'avertissement》de l'ancien directeur du journal le Monde

 中国傲慢？　L'arrogance chinoise

在中国的上海建立一个有三十几个工人的生产车间。五天后保证发货，价格合理。

和大象一起玩耍，就要了解它、尊重它，也要开发一些新的玩法。这并不是说完全任由它的性子，也不是要放弃教它学会遵守瓷器店里的公共法则。店铺里其他的人掌握着一些武器，即使他们经常小视这些武器，他们可以拿来使用以便驯服大象，使它服从这些规矩。西方国家在许多方面还保持领先地位——尤其是科学领域。他们手中握着几张重要的牌，没有对等交换物，他们没有必要退让。中国要求给予市场经济地位，目的是不再受到倾销的指控，中国经常因倾销罪被判罚。中国希望本国的投资者能够不受任何歧视地在世界各地收购他们看好的企业，支持解除发达国家针对她的武器禁售，要求结束强加给她的对于敏感性技术的出口限制。她还有许多别的要求。明明知道这是中国坚决而灵巧地为其自身的开放讨价还价，为什么每次出现这种情况的时候，西方国家面对她时却表现得软弱无力甚至顺从的样子呢？

在发展中，中国借力于向其产品开放的国外市场——近30年全球整体运动特点就是市场的自由化。得益于货币行政管理，中国能够人为地坚持人民币贬值——这得以保持了她的竞争力。终于她就尊重知识产权原则问题上得到一些自由权利。在这每一条战线上，西方世界都还能够绰绰有余地让中国懂得不能一贯地嘲笑互惠互利原则。如果西方的律师事务所无权在中国工作，那也没有理由让中国

来自《世界报》前社长的「盛世危言」

总结论 与大象共生
Vivre avec l'éléphant

的律师在其国土之外落地生根。如果中国的电信、建筑和保险市场对外国企业关闭，没有理由让中国的电信设备制造商、BTP 的专业人员或者金融家在境外土地上得以繁荣昌盛。总之，如果互惠互利原则没有得到尊重，其他国家不应该禁止以保护主义威胁作为威慑。再也不能持久地允许只有一国，目前情况是最大的国家，在货币和知识产权方面不按游戏规则办事。何况，这关系到中国自身利益。人民币升值，即使由北京而不是华盛顿控制升值速度，将会增强中国的购买力，有利于提高竞争力。最后，尊重发明专利是其向创新型经济过渡的一个条件。

中国也会玩分化世界的游戏，在供应商之间制造竞争，以便保护自己的利益。在这方面她都可以做老师了。在与欧洲尤其是欧洲工业家之间的关系中，她懂得践行最精细的艺术。的确，正如巴黎亚洲中心的创始人和老板弗朗索瓦·戈德门特所指出的那样，在这条战线上，中国的任务更轻松一些。欧盟作为中国工业机器的第一大销路，也是主要的供应商之一，在面对中国时，却被完全瓦解了。在面对倾销、纺织、核能、高铁、货币、假冒伪劣、公共市场、金融市场等任何一个主要方面时，欧盟从未成功拥有共同坚固的策略。欧盟 27 个成员国，各国都打自己那张牌——然而，作为个体来说，可能除了德国，每一个国家都没有实际的分量。在北京，欧洲领导人鱼贯而来到各大部委和主席官邸，这还真是有些凄婉悲凉。

当 2007 年尼古拉·萨科奇在准备总统大选的时候，就

C'est «l'avertissement» de l'ancien directeur du journal *Le Monde*

 中国傲慢？　L'arrogance chinoise

曾经向他咨询过的几位汉学家承诺，藉着他的努力，欧洲将要团结统一地面对中国，并且承诺他将要偕同德国总理安格拉·默克尔、英国首相戈登·布朗一起访华，以此构成三套马车，向中国的领导人表明欧洲从今以后要用一个声音说话。实际上，他却无所作为。2008年，法国总统第一次中国之旅，陪同人员是他的母亲和他的一个儿子。那次访华既没有安格拉也没有戈登。"北京有欧洲所有的电话号码，但是他们从来不打。没有必要。"一位长时间关注北京的法国外交官不抱幻想地评论说。与此相反，美国、欧洲和日本也许有兴趣联合起来共同驯服这头巨兽。

接下来要注意的事，在瓷器店新来者之中不仅仅只有中国这头巨象，还有其他世界经济新兴国家也想要在此占据一席之地——印度、巴西、南非、俄罗斯……在象群中，中国自然看到其保留的狩猎区。凭借日益增加的实力，当前的活力和支票簿的厚度，中国在操控一切。她与这里的每一个国家都建立了紧密的联系。但是没有人阻止其他国家对此表示关注。这些其他的新兴国家都是人口大国，他们与西方有着许多的共同点，特别是民主、尊重法治国家等方面。

提醒大家要更加斟酌考虑这些新兴国家，他们既是销路出口又是合作伙伴。面对中国的傲慢，他们也会抱敌对情绪（在亚洲目睹了这一现象），不论怎样他们都努力不再过于唯一依赖新兴实力大国（人们在巴西看到了这一事实）。非洲凭借其丰富的地下资源和众多的人口（目前仅仅

总结论　与大象共生　Vivre avec l'éléphant

是要成为人口大国），没有被沦为新的殖民地。黑色大陆借助于他十多亿的消费者将成为下一轮的新兴市场。西方国家对于这块大陆和组成这块大陆上的生物也表现出极大的兴趣，原则上说非洲人不太傲慢，也更加遵守公共游戏规则。在非洲那里，西方人得以找到机会向中国大象表明他们有替代者，他们没有受到巨兽的羁绊和控制。

然而，最重要的是：中国在21世纪之初，要加入这个瓷器店的领导团体并且同意接受与其他人一道参与商店的组织和管理。中国又成为一个经济强大的国家，她要自我担当并且很快成为全球"负责任的伙伴"之一，即布什时期美国常务副国务卿，曾任世界银行行长的罗伯特·佐利克首次提出的"负责任的利益相关者"。中国将要更多地投身于全球事务的治理之中。经济实力日益增长，经济责任日益增大。为共同管理世界公共财产（世界贸易、货币体系、金融稳定、气候、卫生标准、劳工组织等）而设置的各种大型国际组织机构里，在很长的时间里没有中国的身影。从今往后，她会在这些机构里现身。比如，国际货币基金组织作为世界金融警察已经同意加强中国投票权，增加了6%的份额，中国将占据继美国和日本之后的第三把交椅。国际货币基金组织总裁法国人多米尼克·斯特劳斯·卡恩让前中国央行行长朱民作为身边"特别顾问"，成了真正的第二当家人，也许他不久就会接替卡恩掌管该机构。同样中国必然要在致力于帮助贫穷国家发展经济的世界银行里得到额外的选举权。中国也是二十国集团成员之一，

C'est《l'avertissement》de l'ancien directeur du journal Le Monde

 中国傲慢？　L'arrogance chinoise

在 2008 年末美国发生次贷危机之后，二十国集团接替七国集团，这个团体是由全球主要经济大国的国家元首和政府首脑组成。

加入到这些机构或者新的组织中，中国也应该遵守这些组织机构的共同原则。中国声称已准备好履行自己的职责，但是不接受任何人，无论是美国还是其他大国或者国际组织强加给的责任。于是，她要成为一支真正的能够提出自己意见的力量。如果说中国认为正如她经常说的那样，这些机构是旧秩序的残留物，其设立是为了维护美国、日本或者欧洲这些经济正在走下坡路的国家的利益，在这种情况下，中国只能依靠自己提出建立新的机构，并且着手启动真正的谈判以便找到必要的折中方案。在多极世界宣布到来的时代，全球治理将是新型的混合产物。每个人都要参与其中——西方如此，中国亦然。

自从 2009 年春伦敦峰会以来，G20 的峰会实际上是提供机会表明中国已经深得经济大外交的要领，即灵活又狡猾。每一次，她都成功绕开话题，避开自己的责任。每当中美之间存在重大的不平衡的时候，美元疲软，人民币也疲软就会成为这类会议的主要议题之一，北京就会动员舆论和二十国集团的代表们转移话题。在伦敦峰会之前，中国人民银行行长周小川爆出冷门，质问美元长期以来在世界货币体系中担当的角色。美国当时受到谴责，人民币升值的问题无人再提。就在多伦多峰会之前，北京很巧妙地宣布美元与人民币脱钩（在金融行话里，就是联系汇率的

总结论　　与大象共生
Vivre avec l'éléphant   167

意思），中国以此方式让世人相信中国外汇开始升值。人民币升值只是表面文章，并没有触及实质，争论就此被压下去了。2010年11月，汉城峰会召开在即，这次是美国央行帮了中国人的忙。在各国政府和首脑会议召开的前几天，美联储因为大规模发行美元而招致欧洲和亚洲的指责，中国不失时机地煽风点火。人民币升值问题再一次销声匿迹。灵巧不等于威望。

　　经济学的黄金法则说的是谁手里有金子谁就说了算。将近一个世纪以来，美国作为主导世界的大国，以此原则为基础，把他的游戏规则施加给世界经济。美元及外汇曾是所有人都认可的通用货币。高盛、花旗银行和华尔街操控世界金融业。苹果、谷歌和好莱坞控制全球的工业。自由市场和自主调节发挥了统一思想的作用。中国实力的上升正在改变这一格局。中国作为世界第一大黄金生产国（又是一枚金牌），其黄金持有量仅占世界第五位。目前，中国的黄金持有量仅占世界黄金储备的微不足道的一部分。但是在黄金法则中，黄金就是财富和未来。鉴于中国巨大的市场规模，她的雄心在膨胀，报复的渴望让她兴奋，她奉行实用主义，为工作奉献牺牲，笃信自己的文化，中国肯定会有金子的。因此，也更多地由中国来为世界经济制定游戏规则。世界其他国家不得不接受这个预测。在北京人们时常会听到"西方世界气数已尽"。这不能迫使西方放弃他所有的信念，放弃捍卫他的利益，也不能迫使他唯命是从。从来都没有这种玩法。"中原帝国"重新成为世界的

 中国傲慢？　L'arrogance chinoise

中心，这是不争的事实。然而从其自身的历史中，他懂得了仅凭数量不足以使国家强大。她也从其他帝国的历史中明白了傲慢可能是个糟糕的顾问。无论如何，时至今日，在 21 世纪之初，傲慢对于中国和世界其他国家来说是个真正的危险。"当中国改变世界的时候"，电影只是刚刚拉开帷幕。

来自《世界报》前社长的「盛世危言」

参考文献

BREMMER, Ian, *The End of the Free Market. Who Wins the War between States and Corporations*, Portfolio, 2010.

CHIENG, André et BETBÈZE, Jean-Plul, *Les 100 mots de la Chine*, PUF, Que sais-je? 2010.

CHIENG, André, avec la collaboration de JULLIEN, François, *La Pratique de la Chine*, Grasset, 2006.

COHEN, Philippe et RICHARD, Luc, *Le Vampire du Milieu. Comment la Chine nous dicte sa loi*, Mille et une nuits, 2010.

DOVER, Bruce, *Rupert's Adventures in China: How Murdoch Lost a Fortune and Found a Wife*, Penguin Books, 2008.

FRIEDMAN, Thomas, *The World is Flat*, Farrar, Straus and Giroux, 2005. Trad. fr: *La Terre est plate*, Perrin, 2010.

HALPER, Stefan, *The Beijing Consensus: How China's Authoritarian Model Will Dominate the Twenty-First Century*, Basic Books, 2010.

JACQUES, Martin, *When China Rules the World: The End of the*

Western World and the Birth of a New Global Order, Penguin Press, 2009.

KALETSKY, Anatole, *Capitalism 4. 0: The Birth of a New Economy in the Aftermath of Crisis*, Public Affairs, 2010.

LEMOINE, Françoise, *L'Economie chinoise*, nouvelle édition, La Découverte, 2006.

LENGLET, François, *La Guerre des empires. Chine contre Etats-Unis*, Fayard, 2010.

MCGREGOR, Richard, *The Party: The Secret World of the China's Communist Rulers*, HarperCollins Publisher, 2010.

MEYER, Claude, *Chine ou Japon: quel Leader pour l'Asie?*, Les Presses de Sciences Po, Nouveaux Débats, 2010.

MICHEL, Serge et BEURET, Michel, *La Chinafrique. Pékin à la conquête du continent noir*, Grasset, 2008.

ROACH, Stephen S. , *The Next Asia: Opportunities and Challenges for a New Globalization*, Wiley, 2010.

SHIRK, Susan L. , *China , Fragile Superpower*, Oxford University Press, 2007.

SIMPFENDORFER, Ben, *The New Silk Road: How a Rising Arab World is Turning Away from the West and Rediscovering China*, Palgrave MacMillan, 2009.

TSE, Edward, *The China Strategy: Harnessing the Power of World's Fastest-growing Eonomy*, Basic Books, 2010.

VOGEL, Ezra, *Japan as Number One: Lessons for America*, Harvard University Press, 1979. Trad. fr. : *Le Japon médaille d'or: leçons pour l'Amérique et l'Europe*, Gallimard, 1983.

WALTER, Carl E. et HOWIE, Fraser J. T., *Red Capitalism: The Fragile Financial Foundation of the China's Extraordinary Rise,* Wiley, 2011.

—*Privatizing China: Inside China's Stock Markets*, Wiley, 2006.

译后记

法国《论坛报》前主编、《世界报》前编辑部主任埃里克·伊兹拉勒维奇继《当中国改变世界》之后，又重磅推出了《中国傲慢？》一书。

《中国傲慢？》一书刚问世旋即在法国舆论界引发巨大的反响，激发了各界有关中国是否傲慢议题的广泛争论。作者从经济的角度，通过大量的事例论证经过30年的改革开放和快速发展，尤其是在本世纪初十年里中国取得了巨大经济成就，目前成为继美国之后的世界第二大经济体，其独特的经济发展模式备受世界的关注。中国的强大势必引起世界格局发生一定的变化，中国已成为世界工厂，她为全世界提供价格低廉的出口产品，中国制造充斥世界市场，外部世界对于中国的依赖度越来越大。加之近年来中国在面临国内外重大危机时，处理问题的能力为自己赢得了世界威望。由此，中国不想再做小学生，其对外态度不再像改革之初那样谦卑，"小弟弟长大了，不再需要大哥哥"，中国以潜能巨大的国内市场为诱饵，迫使许多来华国际集团接受他的诸多条件，比如"以市场换技术"、"以市

译后记
Traduire Postscript

场换资源",等等。实行经济保护主义,保护民族资本企业,逐渐取消外商投资可享受的优惠政策,外商在华投资生存环境日益艰难。中国人说话的语气也越来越强硬,中国人的自信已经转变为"傲慢"。作者认为中国的"和平崛起"并不平和,中国的"傲慢"对世界和中国自身的发展来说都是一种危险。他提醒西方世界警惕中国的这种"傲慢"态度,把握好自己手中还持有的几张"王牌",虽然中国经济强大是个不争的事实,但是处于经济深度改革和社会转型期的中国,未来的发展还有许多的挑战和不确定因素。而这正是中国巨龙的恐惧之处。他同时也告诫西方人要学会与瓷器店里的"大象"相处,顺应潮流发展趋势。

译者想说的是,一个伟大的民族没有猥琐的言行,也从不惧怕攻击和谩骂,她有海纳百川、兼收并蓄的胸怀和悲天悯人的人文情怀。而中华民族就是这样一个伟大的民族。她在经历了万般的屈辱和磨难之后,依然能够挺起胸膛重新塑造自我,以崭新的姿态屹立于世界民族之林。她独辟蹊径,开创一条有中国特色的社会主义道路,30年来奉行对内改革、对外开放的政策,坚持韬光养晦、有所作为的外交原则,中国经济飞速发展,国家面貌日新月异,中华民族在伟大复兴的道路上勇往直前。中国越来越受到世界的瞩目,中国人也越来越自信,在国际舞台上表现得更加积极活跃,仅此而已。而西方世界看到日益强大的中国有些坐立不安,在国际上制造舆论攻击中国,先后抛出中国威胁论、中国阴谋论、中国崩溃论、中国傲慢论等,

 中国傲慢？　L'arrogance chinoise

花样百出，煞费苦心。

一个伟大的国家敢于担当责任，履行自己的义务，敢于正视自身的弱点和在发展中出现的这样或那样的问题。中国尚无傲慢的资格。作为发展中国家，中国在许多方面仍然处于弱势地位，如技术创新、教育思维、法人治理结构、经济发展模式和社会保障体系，等等。中国会继续坚持走独立自主的和平发展道路，正如法国前总统德斯坦明确指出："在中国人的眼中，重要的是不断改善自己的生存条件，而非领土的扩大。"德斯坦认为，所谓中国的"傲慢"，其实更是一种对自己的"自信"。如果说法国人在当今世界上经常以"傲慢"著称，那么，中国人民却是个谦虚的民族，而且这种谦虚有其历史性。中国的文化，无论是道教还是孔子学说，都以和谐为基础，而非强调统治。今日之中国倡导的是和谐中国，和谐世界。只有真正地了解中国的历史与文化，才能对中国作出一个准确公正的判断。

希望借此书中译本的出版，让大家了解到一些西方人对于中国的看法，同时提醒国人不要因为"中国制造"而沾沾自喜，对于今后的发展作出理性的思考和判断。同时感谢中国石油大学曹培强教授和中央编译出版社同仁对本书出版付出的巨大努力，感谢赵秀凤教授的鼎力支持，感谢外交学院曲国艳教授及两位学妹吴梦涵和朱曼的真诚帮助。

范吉宏

2014 年 4 月 30 日

L'arrogance chinoise by Erik Izraelewicz

Copyright © Editions Grasset & Fasquelle, 2011

Simplified Chinese edition

Copyright © 2014 CENTRAL COMPILATION & TRANSLATION PRESS

Published by arrangement with Editions Grasset & Fasquelle

All rights reserved.

图书在版编目(CIP)数据

中国傲慢？：来自《世界报》前社长的"盛世危言" / (法)伊兹拉勒维奇著；范吉宏译. —北京：中央编译出版社，2014.9
书名原文：L'arrogance chinoise
ISBN 978-7-5117-2277-5

Ⅰ. ①中…
Ⅱ. ①伊… ②范…
Ⅲ. ①政治-研究-中国-现代
Ⅳ. ①D6

中国版本图书馆 CIP 数据核字(2014)第 179008 号

中国傲慢？：来自《世界报》前社长的"盛世危言"

出 版 人：刘明清
出版统筹：贾宇琰
策 划 人：冯 章
责任编辑：侯天保
责任印制：尹 珺
版式设计：王洪广
出版发行：中央编译出版社
地 址：北京西城区车公庄大街乙 5 号鸿儒大厦 B 座(100044)
电 话：(010)52612345(总编室) (010)52612339(编辑室)
　　　　(010)52612316(发行部) (010)52612317(网络销售)
　　　　(010)52612346(馆配部) (010)66509618(读者服务部)
传 真：(010)66515838
经 销：全国新华书店
印 刷：北京时捷印刷有限公司
开 本：787 毫米×1092 毫米 1/16
字 数：118 千字
印 张：12
版 次：2014 年 9 月第 1 版第 1 次印刷
定 价：39.00 元

网 址：www.cctphome.com 邮 箱：cctp@cctphome.com
新浪微博：@中央编译出版社 微 信：中央编译出版社(ID: cctphome)
淘宝店铺：中央编译出版社直销店(http://shop108367160.taobao.com)

本社常年法律顾问：北京市吴栾赵阎律师事务所律师　闫军　梁勤
凡有印装质量问题，本社负责调换，电话：(010)66509618